JN015248

幸せに生き抜く術《すべ》

～元中学校女性校長の生きざまから～

森田美智子
MORITA MICHIKO

幻冬舎 MC

幸せに生き抜く術《すべ》

～元中学校女性校長の生きざまから～

はじめに

今回私がテーマに取り上げたのが、「幸せに生き抜く術《すべ》」である。

初めは、男女差別や、女性の活躍推進などが入り口であったが、突き詰めて考えてみたら、それは自分の人生を「いかに幸せに生きるか」であった。条件は、女性であること、働いて生きてることなどあるが、究極のところ、人間の生きる意味は、幸福の追求なのではないかと思うようになった。「幸せ」とは、「不満などがなく、心が満ち足りていること」、人が求めていることは、まさにそれであると思う。

一人の人間として、どうあったら幸せであり得るのか？　幸せになりたくて、沢山の困難を乗り越えることもできるし、目標を達成することもできる。できたときの気持ちは、心が満たされ、笑顔がほころぶ。大声で叫びたくもなる。

自分の一つの人生の生き方を、幸せをキーワードにして見つめ直してみた。

これから、人生の選択を迫られている若い人たちに、進学・就職・結婚・出産・子育てなど、経験の中から紡ぎ出した私の言葉をかみしめていただきたいし、参考にもして欲しい。また、私と同世代の方や、その前後の近しい年齢の方には、これからの残りの人生を幸せに生きるためのヒントにもしていただけたら、嬉しい。昭和、平成と幾多の困難に立ち向かって努力した一人の女性校長のヒストリーで終わらせず、自分の人生の幸せへのきっかけにしていただきたい。

そんなに頑張らなくても、マイペースで幸せを掴んでいくのも良いでしょう。人、それぞれですから、幸せは十人十色。

一人でも多くの方が、心が満たされ、笑顔がほころぶ経験を沢山していって欲しいと願っている。

目次

第一章　幸福への入り口

① 人はいただいた命を幸福に全うする責任がある

貴方も私も、自分の自由意志でこの世に命を受けて誕生したのではない。それは、貴方の父と母が愛し合い求め合って、そこに奇跡という恵みが作用して、小さな命が母のおなかの中に宿った。その貴重な小さな命を大切に、大切に育みやっと貴方がこの世に誕生した。そうしていただいたものが、貴方の命だ。

命が宿った瞬間から十ヶ月間、親は命を育むという役割と特権を与えられる。女性はもちろんパートナーである男性も、多くの人が「命を育むことができる、こんな幸せはない」と感じることだろう。ちなみに最近のパパたちは、産前学級にも積極的に参加し、どう子どもを迎え、育てていくか主体的に考え始めている。と同時に、幸せと共に、同じくらいの苦労も背負い込む。逃げたくても逃げられない苦しみを乗り越えてやっと貴方の命はこの世に産み出されたのだ。

「赤ちゃんてなんて可愛いのだろう」と誰でも思う。まして自分の子だったり、孫だったりしたら可愛さが倍増する。どの子も周りの大人に可愛がられるようにできているのだ。

親が、祖父母が、一番に願うことは「この子がどうか幸せに生きていけますように」ということ。この思いはきっと世界中のどんな親だって一番に思うことだ。私も貴方もみんな、そんな願いを抱いて今を生きている。

人はそうして育てられ、大人になり、人生を生きていく。必ずしも日本中の、いや世界中の人類が全員幸せか?と言われれば、実はそうでもない。現に地球上では戦争が起き、沢山の人々が苦しみ、命を落としている。

日本中にだって、日々生きることに精一杯で、その日に食べるものすらない、という人もいるだろう。一番可愛がってくれるべき親に放置され、虐待され、ただひたすら苦しい、悲しい思いをしている子どもたちもいるかもしれない。

自分の力で生きていけない小さな子どもたちは、当然、社会や大人たちから守られるべき存在だ。社会や大人たちは、守っていく責任があるのだ。よって私は元来「人はいただいた命を幸福に全うする権利・義務がある」と思うのだ。物心ついてからは、人は我慢をしたり、努力をしたり、頑張ったりすることができるようになる。

今、もし、貴方が幸せではないと感じていたならば、幸せを掴む努力をして、一つ先の幸せを掴んでいくべきだ。そんなことができたら良いなと思う。せっかくいただいた貴重な命なのだから、大切に幸福に生きていって欲しいから。

② 平和で平等で自由であるべき社会

幸せへの入り口としては、まず社会的に、平和であること、そして平等であることは必須条件だと思う。生きていく上で、この二つが守られないと決して幸せなど訪れない。

日本は戦後七十七年、戦争をしないで平和を保ち続けている。当然、私も戦争を知らない世代だ。しかしそれだけに日本人全体を考えたとき、みんな「平和ぼけ」していると感じる。かつて日本は、日清・日露戦争、第一次、第二次世界大戦へと突入していった。そうして他国と戦争をし続けたのだ。その頃の日本人は、戦場に駆り出された兵士はもちろん、残されて家庭を守り、子どもを育ててきた女性たちも、苦労のどん底だったのではなかったのか？　幸せの入り口にもほど遠い、苦しみの連続。

まさに今、世界で起こっている、ロシアのウクライナ侵攻による戦争。すでに半年にもなる。ウクライナの人々の苦しみようときたら、テレビの画面をまともに見ていられない状況だ。長年住み続けた家を爆弾で破壊され、住み慣れた街も破壊され、家族は爆弾で亡くなったり、子どもとは生き別れになったり、もう、どのニュースを取っても、苦しみの連続だ。

平和であることが、いかに大事か？　本気で考えさせられる現在、私たちにできることは何だろうと、想像を膨らませ、できることから実行していくことが大事だ。

もう一つ、「平等である」ことの大事さ。皆さんはこれまで、自分自身がわけもなく不平等に扱われた経験はないですか？　家族の中で、学校の中で、職場や社会の中で。少なからず何か思い当たる節があるのではないだろうか？

私は明治生まれの古い感覚の祖母に育てられた。彼女はいつも「兄ちゃんが一番大事。貴方たち女の子はいずれ家を出て外の人になる。跡継ぎの兄ちゃんが一番」と。

私は子どもの頃から、ずっと「女の子はだめなんだ」と思い込まされてきた。人生のスタートから、私は歪んだ価値観を押しつけられて育った。そんな中、私が一番強く感じた不平等は社会に出てからだった。具体的には第二章で書こうと思うが、女性教諭であるというだけで担任は持たせられないだの、困難な仕事は与えられないだの。はてな？のつく対応をされて何度も悔しい思いをしてきた。

特に職場では、どんな場面を取ってもフェアであるべきだと思う。特に教育現場で、生徒たちに女性差別の感覚を植え付けていくのは決して良くないと思う。学校で偉いのは教頭先生、校長先生。その中に全く女性が入っていない。そうなると、子どもたちは女より男が偉いんだな、と思ってしまう。このように不平等がまかり通っている社会には幸せはやってこない。

③ 女性の皆さん、今の自分に満足していますか？

少しここでは、現代日本社会の一般論から述べてみる。

毎日の新聞紙上を見てみると、何かしら、二つや三つは、性差別の問題が提示されている現代。ＪＫ５（女性管理職五割計画）とかいう言葉もテレビ番組に取り上げられ、一般企業でも女性管理職五割を目指して改革が進んでいる状況だ。

昨日は、テレビで切実な「性暴力」の特集が取り上げられ、主に、女性側の被害者の実態を追跡していた。被害に遭った後のＰＴＳＤに悩まされ、本当の自分に戻りたい、自分を取り戻して生きたい、という悲壮な被害者の訴えを聞いた。

日本には一億二千万以上の人間が存在し、生きて活動している。女性100に対して男性は95・8となっている（総務省調査、二〇二二年）。ほぼほぼ半々と考えて良い。

日本では「女性活躍推進法」なる法律が二〇一五年に成立した。仕事で活躍を希望する全ての女性が自身の個性と能力を十分に発揮し、豊かで活力ある社会を実現するための法律である。ではなぜこのような法律が成立しなければならなかったのか？　そこが問題である。

社会に出て、女性が仕事に就いた場合、男女給与の格差がある。厚生労働省「令和三年賃金構造基本統計調査」によれば、フルタイム勤務でも、女性は五十代後半で、男性の71％の給与しかもらえてない。

世界的に見ても男女給与の格差は、ニュージーランドは96％、イタリアは92・4％、アメリカは82・3％。世界の女性たちに比べても、日本の女性は評価が低い（内閣府男女共同参画局、二〇二二年）。

女性の管理職の数が極端に低い。平等であるべき教育の現場でも、女性管理職の数は30・1％前後。特に、中学校では11・5％（文部科学省「学校基本調査」令和二年度）。

女性国会議員の数は衆議院では10％、参議院でも20・7％と低い（総務省HPより）。

ジェンダーギャップ指数は一五三カ国中一一六位（世界経済フォーラム二〇二二年より）。

このように見ると、政治参画や経済参画、教育の分野でもかなり低い。

そこで、日本でのごく身近な事件を振り返ってみても、

・東京オリンピック・パラリンピック競技大会組織委員会の森前会長の発言。

「女性が沢山入っている理事会の会議は時間がかかります」

女性たちを侮辱した言葉だ。
・大手牛丼チェーン元常務の不適切発言。
「生娘がシャブ漬けになるような戦略を」

「田舎から出てきた、右も左も分からないような若い女の子を無垢、生娘なうちに牛丼中毒にする」等。
・セクシャルハラスメントの相談件数七三二三件、相談内容で最も多い（令和元年・労働局雇用環境・均等部での法施行状況より）。
この三つの事例を見てもはっきり分かるように、女性を本質的に平等に見ていないし、むしろさげすんで見ている、と強く感じる。


もう一つ、大きな社会問題として「女性の貧困」が言われる。

女性の貧困は、戦前から続いており、現在では、離別母子家庭や単身高齢女性の貧困が深刻である。しかし、夫婦世帯であっても、女性は男性よりも収入が低く、貧困率が高い。

二十代女性の貧困

・独身女性の貧困……人として生きるうえでの最低限の条件すら備わっていない。
仕事に就けない、体が弱い。非正規雇用が多い。

最近では、コロナによって、働く場所がない。
・シングルマザー……離婚しても、相手から、養育費が入らない。

子どもを抱えたまま、仕事にも就けない。
仕事に就いたとしても、時間制限があり、給与が低い。

・女性は結婚や出産で、非正規雇用になる人も多い。
以下正規雇用でも、三十代後半の男女の賃金格差は、年間で104万円。
五十代前半では、180万円も差額が生じている。

（厚労省令和二年賃金構造基本統計調査より）

ここまで見てきても、自分が女性であって、そのことに怒りを感じる要素が沢山あると思いませんか？　そのような現代日本社会に生きていて、貴方は今の自分に満足できていますか？と問いたい。もし、満足していますよ、と言える人がおられたら、その方はよほど恵まれた家庭に育ち、自分でも精一杯努力を続け、自己の目標をつかみ取った貴重な存在の方だなと思う。でも、今は良くても、これからもその幸せや満足が永遠に続くと信じられますか？と問いたい。
大方の女性は、まだまだ満足できませんよ、と思われているのではないかと想像する。私自身、六十六歳になるが、まだまだ足りないところがあるし、改善したいことも沢山ある。言い換えれば、おそらく死ぬまでこの気持ちは持ち続けるのだろうなと。

④ 生きていくための幸福必須条件

考え方や、価値観の違いで、「幸福論」は様々であって良いと思う。
ここでは、とりあえず、私の持論で。
まず一つ目は、命があり心身が健康であること。
二つ目は、日々の暮らしができ、衣食住が確保されていること（経済的に）。
三つ目は、自分を支えてくれる、身近な家族や友人に恵まれていること。
四つ目は、やりたいことがあり、やれていること。

一つ。若い頃はそんなことを考えることも少ないと思うが、やはり健康が一番だ。体のどこか、心のどこかが痛かったり、病んでいたら決して幸せにはなれない。病を抱え込んだら、まず楽しくないし、やりたいことがやれない。もちろん、気持ちがふさいだり、うつになったりしても、光が見えなくなる。

二つ。有り余るほど沢山でなくても、日々の暮らしを心配しないで生きられる収入は必要だ。衣食住にはレベルの差はあるかもしれないが、そこそこ満足ができる食事ができ、ゆっくり眠る場所があることは大事だと思う。

三つ。どれほど豊かにお金があったとしても、人に恵まれなければ、こんなに悲しいことはないし、不幸なことはない。配偶者がいたり、子や孫がいたり、心を許した友人がいれば、どんなに貧しい暮らしをしたとしても、救われる。人の存在は欠かせない。「人」という漢字が表しているように、「人」は人と人とが支え合って成り立っている字であり、ことばだ。四つ。朝起きて、さて今日は何をしようかな?と考える。リタイアした身分になると、差し迫ってしなければならない仕事というものがなくなる。現職の頃は、早くそんな身分になりたいものだ、と思っていたが、いざ、なってみると意外に寂しいものだ。

私の友達が「今日行く(教育)」のある生活にしないとだめだよ、と教えてくれた。「今日どこかに行く予定がある」そんな生活にしてね、ということだろう。ということは、毎日、人と関わって生きる、自分の目標を持つ、やりたいことを見つける、ということだ。そうすれば、自然と体も動くし頭も働く。それが生きがいにもなり、幸せに繋がる。

⑤生きがい・やりがいのある仕事に就くこと

私は幼い頃から、大人になったら必ず「仕事をする」と決めていた。その理由は、お金に困らない生活がしたいからだった。男だからとか女だからとかいう縛りはなく、ちゃんと働いてお金に困らない生活がしたいと、ただ純粋にそう思っていた。

毎日毎日やる仕事なのだから、最低、好きなことでないと続かないなとは分かっていた。きつくて苦しくて嫌なことはきっと続かない。だから自分の好きなことのできる職業を探す。

もともと本は好きだし、勉強もそんなに嫌いじゃない。机に向かって作業することは幼児期から好きだった。自分の机なんてなかったから、みかん箱か何かの空き箱を使って机にして、部屋の片隅で、本を読んだり何か書いたりして時間をつぶしていた。

保育園には六歳になる四月からの一年間だけ通ったので、五歳までは家で、明治生まれの、村一番の豪傑ばあちゃんと過ごした。自分一人の学習空間が大好きだった。元々は根暗なのかもしれない。


自分がまさか学校の先生になって、国語を教えて、校長先生にまでなるなんて予想もしていなかった。振り返ってみると、結局好きなことを選んでいる。だから三十八年間も飽きもせず続けてこられたのだと思う。それに、人は好きだし、先頭に立って何かをするのも好きだった。性格上、最適の仕事だったのかもしれない。

人間は瞬間、瞬間人生を選択して生きてきている。大学を決めるときも、就職を決めるときも、結婚を決めるときも、全部自分の責任で、選択して決め、実践してきた。間違っていたか、正しかったのかなんて、死ぬときにしか分からない。でもそこに、最大限の努力があったことは事実だ。

諦めずに挑戦し続けることができたら、大概のことはうまくいく。諦めたり、逃げたりしたら、結局はうまくいかない。人のせいにしたり、自分の置かれた環境のせいにしたりしても、何も嬉しいことはない。

自分の責任で、とにかく精一杯の努力を続けてみる。そうすると、自ずと道は拓けてくるような気がする。その職業を、生きがいだと感じて頑張れる人は本当に幸せだと思う。

私も四十歳になった頃、仕事はとても忙しく日々バタバタしていたが、やっていることが徐々に実を結び、成果が現れてくる。生徒相手の仕事なので、ストレートにその答えが生徒から返ってくる。毎日生徒と共に汗を流し作り上げ感動し涙することができた、この仕事はますます私にやりがいを感じさせてくれた。皆さんもそんな職業に出会えたら良いですね。

⑥ 現状に満足せず、一歩上の自分を目指そう

三十代過ぎてきて、職業にも恵まれ、社会人として地に足を着けて歩けるようになった頃、特に女性は、現状に満足して「もうこれでいいかな」と思ってしまうのかもしれない。仕事も一人前にできるようになり、それなりの報酬ももらえるようになる。これ以上どう生きたら良いの?と思うかもしれないが、もう一度よく見てみよう。貴方の足元は大丈夫ですか、会社の組織やシステムは、人間関係は大丈夫?

身の回りのことに、何か疑問を持ったり、課題を見つけたりすると、それを自分だけに閉じ込めずに、誰かに話してみよう。そうしたら、今まで気づかなかったことに気づけたり、別の疑問が出てきたりと、面白いことになる。職場の同僚はその意味ではとても大切だと思う。

貴方が、何かに気づくことができたら、そこがスタート。それを解決するためにより深く学んでみたり調べてみたり。そうすることによって、一歩上の自分になることができるし、別の自分を見つけることができる。

職場の中で、貴方の発言力が高まったら、大いにけっこう。成長しているということだ。これおかしいよね、まずいよねと思ったときに、相談できる同僚を持つこと、意見の言える上司

に恵まれることも大事だ。

学校というところは、年功序列で能力に関係なく上位の立場に立つ人も多い。そんなとき、下で使われる者としては、歯がゆい思いをしたり、もどかしかったりすることがある。私は当時、同僚の女性の先生とタッグを組んで、その上司に意見を述べたり、提案を出したりしていった。その上司も我々の意見をうまく受け入れてくれて改善されたこともある。

おかしいと思うことにはきちんと意見を言える環境を整えて、改善していくべきだと思う。世の中の女性たちは、そこで立ち止まり、愚痴だけは言うが、一歩先に進まない。それはなぜかというと、意見を言えばその課題が、当然自分に降りかかってくるからだと思う。でもそんな面倒なことには関わりたくないと、逃げてしまうのではなく、おかしいと思ったら、我慢をしない、解決方法を同僚と考えてみるのも一つの手だ。

本気で仕事をしていたら、「現状に満足する」ということはないのではないだろうか？　より良い結果を求めて、次の改善策を練ってみる。自分の知らないところで物事が進んでいたら、とことん追求して理解する。そうしていたら、極端な話、社長にでもならなければ、現状に満足することはないのではないか？

「もうこれでいいや」と思っている人がいたら、ちょっと立ち止まって、「本当にこれでいいの？」と自分に問いかけてみてください。人が向上し、成長していくって、そんなところに小さなヒントがあるのではないかと思われる。

⑦社会の不条理に諦めの気持ちを持たない

生きていたら、様々な不条理に出会い、ぶつかることがある。

特に職場では、人に対する評価が様々で、どうして貴方が偉いの?と思うこともよくあるのではないか。当然のことを成し遂げて、当然の評価が下されれば納得だが、ほとんどそんな組織は見たことがない。入社時点で歴然とした差が付いていたり、女性だからといって別の部署に配置される。精一杯頑張っているのに、的確な評価をしてもらえない。お茶くみとコピー取りが専門。

私も、学校では初任者研修も兼ねて、よく新任の先生には「他の先生方よりも早く来て、お茶を入れる、掃除をするなど、進んでやって欲しい」と指導してきた。

なんで新任だからって、お茶くみをしないといけないの?と疑問を持つ人もいると思う。でも、自分はなにも知らない新任で、一人前として働かせてもらっている。きっと自分の気づかないところで、先輩の先生方はフォローしてくださっていることだろう。迷惑をかけているに違いないから、せめてお茶くみで感謝を表す。それも一つの方法だ。

上司の指導に素直に従って頑張った人が伸びていく。これまでの経験で、その姿を沢山見てきたからそう言える。不満ばかり抱えて素直になれない人は、その後の伸びが期待できない。

仕事にも慣れて五~六年過ぎると、自分の置かれている立場や状況を客観的に把握できるようになる。そうなるとだんだん知恵も付き、横着になってもくる。そんなとき、思うように仕事が処理できないことが起こると、文句を言って、諦める。そこで方法を考えて様々な手段を講じてみることができれば、一歩先の未来が見える。

会社がつまらない、上司が悪いと、ひと言で片付けて、何の努力もしない人にならないで欲しい。不条理なことは、世の中には山ほど転がっている。それでも、今の自分にだってできることはないか?と考え直してみる。諦めるのは簡単だが、挑戦していくのは大きな努力が要る。でもその挑戦を繰り返してるうちに、道は拓けてくることもある。若造だろうが、女性だろうが、努力する価値はあると思う。

⑧できない自分を捨て、できる自分になる

誰でも最初から何でもできるはずはない。みんなできなかったことを、日々の努力でできるようになっていくのだ。私も学校の先生にはなったものの、まさか自分に校長先生ができるなんて考えもしなかった。そんなものだ。

いまや教員採用試験の倍率も地に落ちたもので、小学校なんか一・五倍の倍率だ。ということは三人受験すれば、二人は合格するということ。本当にこれで教育の質が保てるのか? 大きな不安材料だ。

私が受験する頃は、みんなが就職難の時代で、当時国語の教員の採用試験倍率は、三十倍だった。三十人受けて一人しか合格しない。誰がこんな状況で、合格できると思うだろうか? 夢物語だと思っていた。しかも他県の有名でもない二流大学出身である。こんな私だったので、

当然「できない自分」がそこにはいた。無理に決まっている、頑張ったって意味がない、と誰でもそう思う。

ところが、私は、大学四年生の六月に地元の中学校に教育実習に行った。免許取得のためだ。そのわずかな二週間で私の気持ちの中に奇跡が起こった。「こんなに楽しい仕事はない、絶対に合格して教師になりたい」そう思って大学に帰った。

それから受験まで、わずか一ヶ月余りしか時間がなかった。専門教科の勉強は四年間頑張ってきたから大丈夫だろう。足りないのは、教職教養の知識面だ。それがはっきりしていたから、それからというもの、朝も昼も夜も、ずっと勉強漬け。友達と合宿と称して、共同生活をして、勉強の競争をした。問題を出し合ったり、テストをし合ったり。彼女は大分の県立高校を受験した。トイレには教育の歴史の暗記物をつくって貼り付け、法律も丸覚え。頭がおかしくなるくらい、勉強三昧だった。

不可能と思われていることも、気持ち一つで変えられる。不安なんかに押しつぶされる余裕もなく、やるしかなかった。当時はまだ、九州の中でも二つの県を受験できた。私は福岡県と、長崎県を受験し、幸い両方の一次試験に合格した。奇跡だと思った。

できないと思っているのは、自分の心。気持ち次第でできるようにもなる。教育実習最後の日、涙を流して別れを惜しんでくれた子どもたちに、最高の感動をもらったからこそ、今の自分があるとも思った。「先生ってなんて素晴らしい職業なんだ、絶対に頑張って教師になろう」と思わせてくれた。こんな幸せはないと思った。その動機が、合格に繋がり、今の私がある。

⑨ 人に恵まれるためには

私は、基本的に人が好きだ。人といると嬉しくなる。生まれてからこのかた、嫌いな人ってほとんどいない。苦手な人はいるが、「この人嫌い」と思う人はこれまでほとんどいなかった。そんなことはないでしょう？　嘘でしょう、と言われるが、確かに共に生活したり、活動したりして知っている人で、嫌いな人はいなかった。

なんと幸せなことかと思う。永く人生生きていれば、大嫌いな人、顔も見たくないくらい嫌いな人なんて沢山いると思うが。

人との関係作りは、考えてからできるものでもないが、でも、考えないとうまくいかないときもある、やっかいなものだ。相手を見てどう接したら良いか考える。基本スタンスは、こちらが拒否しない、受け入れるおおらかな雰囲気を醸し出す。

生徒の親御さんでも、強烈なキャラクターの方もおられたが、不思議と私は、そんな方によく気に入られる。「先生、気に入った、息子をよろしく」と頼まれる。わけもなく教員というだけで、頭ごなしに玄関で門前払い、なんてことも一度もなかった。

地域のおじいちゃん、おばあちゃんにもよく親しまれた。私が毎月出す『学校だより・きらきらなづみっこ』を読んでくださっていて、きらきらなづみっこの校長先生と呼んでくださる。ゲートボールの老人の集まりのときには、この私の学校便りが話題に上るらしい。ありがたいなあと思う。

私は幼い頃からずっと学級のリーダーで、皆から親しまれていた。中学校に入ると、結局三年間ずっと、（毎回選挙で選ばれるので）学級委員をしていたし、生徒会の役員も三期にわたってしていた。大学入学した当初はさすがに知り合いはいないけど、三年生になればなぜか合唱部の部長をしていたし、退職しても、大学の同窓会の支部長もお願いされてやってきた。

こんなふうに、人が大好きで、話すのが好きで、人のために何かしてあげたいと思う。お節介なのかもしれないが。今でも、ライフワークで、若い女性の先生方を育てるボランティアをしている。現職のときには、本当に問題を抱えた生徒たちを相手に奔走した。

しかし、あまりに仕事に一生懸命になりすぎて、我が子をほっぽらかしにしてしまったことがある。秋の夜に生徒の家庭訪問をした際、小学校二年生の娘を車に乗せたまま、二時間以上も放置していたことがあった。でも、家庭訪問したことで、生徒とそのお母さんの命を救うことができた。ことが収まって車に戻ったら、娘は諦めたのか、すやすやと眠りに就いていた。相手のために、夢中になってしまうと、私は自分のことを忘れてしまうおひとよしなのだ。

そんな私でも、すてきな人たちとのご縁に恵まれ、支え合いながらなんとか辛い時期も乗り越えてきた。家族は当然、友達も大事にしたいし、仕事で出会った人々ともできるだけご縁を繋いでいきたい。特に職場では、若い人たちを育てたい思いが強く、男女関係なくとことん話し込み、飲みに行き、ときには温泉旅行をする。かなりプライベートな部分にまで入り込んで仲良くなるケースもある。

この上ないくらいに荒れた学校に勤めていた頃、仲間との情報交換や気持ちの共有は不可欠で、誰かが困っていたり、苦しんでいたときには、平日でも急遽、「今日、飲みに行きましょう」

と誘うことも多かった。飲みながら生徒指導についての議論をとことんする。そうして、次の日も頑張ろうという気持ちが高まる。そうして怒濤の二年間を乗り越えることができた気がする。家族のような、同僚のような、戦場に向かう同志のような関係だった。

職業柄、突然若い青年や女性に街で声をかけられびっくりすることもある。自分は○○中学校で教えてもらった××ですと、名前を名乗ってきてくれる教え子もいる。相手はずいぶん大人になっているからこちらは分からないのだが、相手からは「先生全然変わらんもん」と声をかけてもらえる。嬉しいことだ。人に恵まれるって、当たり前の対応を、心を込めてこちらがやっておけば、必然的に広がっていくものだ。ありがたいことだ。

第二章　可能性に挑戦し続けた私の教職人生から

① なりたくてなった先生だったが

私は戦後十一年目の、昭和三十一年生まれ。長崎県の離島、壱岐《いき》で生を受けた。我が家には広い田んぼと畑があったが、両親はこの戦後の離島で何をやって生計を立てていけば良いのか、試行錯誤だったのではないかと想像する。父は旧制中学を出ていたので、地域の小さい小学校の代用教員になってくれないかと役場の人から声がかかったらしい。けれども、明治生まれの祖母が大いに反対して、結局教員にはならなかったらしい。当時は教員の給料はとても少なく、家族を養っていけるだけの収入ではなかったようだ。祖母は、こんなに広い田んぼと畑を荒らすのか、と反対したらしい。

現金収入が少なかった経済事情で、欲しいものを買って欲しいと言えなかった。友達の家にオルガンがあったのは、とてもうらやましかった。音楽や歌は大好きで、よく姉と海に向かって歌いあい、合唱をしていたものだ。できることならオルガンを練習して、音楽の先生になりたかった。

田舎で現金収入が確実に保証されているのは、公務員か学校の先生。当時から「お金に困らない生活がしたい」と考え、教職を目指した。しかも、教員は産休や育休があり、働くには環境が整っていた。結婚して、子どもを産んでもやめなくて良い。しかも子育てのために一年間の育児休業がある。こんなに女性に優しく、強い味方はいないと考えた。男女差別もなく、給料は男女同じ。大学さえ出ていれば、免許さえ取れれば、働ける。

当時、地方の田舎で、女子大を卒業してなれる職業は少なく、狭き門の教職に挑戦するしか道はなかった。

昭和五十四年、四月一日付けで、長崎県教職員となった。

② 新任時代から、結婚・子育て・仕事の両立

そうして入り込んだ学校社会だったが、現実は想像していたものとはずいぶん違っていた。赴任した離島の離島では「女性の先生には担任を持たせない」という古い男社会が歴然と残っていてびっくりした。

それよりも何よりも、赴任してびっくりしたのは、教員住宅として勧められた住まいのことだった。それまでの大学生活では、友人と二人でアパートを借りて、今で言うシェア生活をしてきた。建物はそんなに新しくはないが、きちんとしていたし、トイレもお風呂も当時の普通の生活ができた。

しかし私が赴任した学校には、長崎から三時間半フェリーに揺られ、そこから、車で二十分ほど走って小さな港に行き、そこからまた二十分船に乗らなければ行けない。私も離島育ちで

はあるが、こんな小さな離島での生活は知らなかった。

トイレが一番の悩みの種、だった。母が引っ越しの手伝いに来て、最初にやってくれたのが、トイレの糞尿の始末。くみ取りができていなかったので、手でくみ取って、近くの畑に捨てに行ってくれた。それからというもの、雨の日には、トイレに雨水が流れ込んでいっぱいになるので、自分で戸板を探してきて、雨が入り込まないように打ち付け作業をした。

お風呂も五右衛門風呂で、バーナーと灯油を購入してお風呂を沸かす。お買い物は、生鮮食料品のお店がないに等しいので、週に一回の買い出しで、冷蔵庫に保管。それでも食堂もないので、自炊生活。

大学を出たばっかりの若い娘にとって、ここの生活は非常に過酷だった。生活することの基本から勉強。学校の仕事は頑張ればなんとかなった。それよりも生きていくことに必死だった。明らかに、自分が育った離島よりは三十年の遅れを感じる。島の方からは、「前の若い女の先生は辞めて帰ったもんね」と言われていた。

どうして私だけがこんなに不便な離島の学校に赴任しなければいけなかったのだろう。と、この疑問と不満だけが心のそこに残っている。スタートから、アンフェアを実感することとなった。当時の多くの初任者は、自分の故郷に戻す。それができないときには、研修の受けられる学校に配置する、ということだった。

ふるさとにも帰れない、初任者の研修も受けられない、日々の生活に苦労する、そんな新任は他にはいなかったのではないかと思う。しかし、当時五島に赴任した新任が五人ほどいた。

それぞれ小さな離島の離島に赴任していた。皆も頑張ってるんだなと、励まされた。

今でこそ、初任者研修がシステム化されて、どんな初任者でも教科指導を受けられ、学級担任を持ち、その指導にも付いてもらえる。すごいことだと思う。私の新任時代は、教科指導は一度も受けられず、自ら教務の先生や先輩の先生方からいろいろと学び取って、一人前になっていった。恵まれなかった環境だったからこそ、学ぶ意欲も高く、学級担任を持てなかった二年間は、福江島（隣の島）の同期の女性教員と二人で、専門書を購入して、彼女の住宅で週に一回、学級作りを学ぶ勉強会を実施した。彼女は最初から、担任を持たせてもらっていた。

そうして、三年目には、校長先生に直談判《じかだんぱん》して、やっと、やっと認めていただいて、一年生二十四名の生徒の担任を初めて持つことができた。

この島に三年間頑張って勤め、次は大きな学校に転勤だと、期待していた。

四年目には異動して、生活は快適になった。トイレの心配もお風呂の心配も要らなかった。ムカデや蛇の心配もなく、快適なベッドの生活。便利な場所にアパートを借りて楽しい一人暮らしを始めた。

しかし、仕事の上では試練が続いた。次に赴任した学校は、前の学校よりも規模が小さく、生徒数も少ない。しかも、小中併設の学校だった。小学校の先生方と、職員室も一緒。校舎も共有。体育館も。ここでも相変わらず担任は持てず、教科の研修もできない。幸いなことに、小学校の国語の授業は参観できた。校務も新しいことはさせてもらえず、図書館や教務の仕事をしていた。この時期に結婚が決まって十月には結婚した。新婚別居のスタートだった。教師としては、まだまだ暗黒の時代が続く。

大きく変化したのは、六年目だった。

長崎市内の大規模校。学年九学級もあり、千二百人くらいの生徒数。職員も六十人くらいいて、誰が誰やら。主に学年の先生方だけが知り合い、のような生活。ここでは当然学級担任あり、校務は教務の転出入・教科書係。当然生徒指導は頻繁、授業も満杯、充実しすぎの日々。本来付けておくべき力が付いていない分、学級経営には力を入れた。一年生の担任とは言え、悪ガキはいるし、不登校はいるし、何でもありだった。でも楽しくて充実していた。

そんな中、七月に妊娠が分かり、出産の準備へ。大きなおなかを抱えたまま、奔走する。その年の十二月までが勤務。せっかく出会った生徒たちには申し訳なかったが、産前休暇に入る。女性の教員の宿命だが、やはり心は痛い。でも母親になることも自分の大きな力となると信じていた。お母さん先生、やはり必要だと思う。子どもに寄り添ったり、命がけで子どもに向かっていける力を、出産で実感する。命がいとおしいと感じる。肌身で感じ、豊かな愛情を持てるようになる。お母さん先生は、私の理想だった。

妊娠、出産・産前、産後休暇、育児休業に入る時代にはまた女性に対しての差別がある。しかしこれは仕方がない。女性の教師が子どもを産み育てるための休み、産前産後休暇、育児休暇を取る。これは当然のことだ。一年間の育児休暇が保証されていなければ、仕事を続けようとは思わなかったかもしれない。その数年前までは、育児休暇は認められておらず、私の従兄弟は、子守をしてくださるおばあちゃんを個人で見つけて、その方に生後二ヶ月の赤ちゃんを預けて、勤務していたのだから。

うまく「子守さん」が見つからなければ働けない。幸いなことに教職員は過去の先生方が獲得してくださった沢山の出産・育児に関する権利が整備されているのだから幸せだった。

現代では、男性の育児休業も少しずつ普及し始めてはいるが、現実問題として、近くに実家がなくて頼れる祖父母がいない場合は、若い夫婦二人で、産後の困難を乗り越えるのは難しい気がする。

産後十日間でも二十日間でも、旦那さんが休暇を取ってくれて、赤ちゃんと奥さんの面倒を見ることができるなら、女性は子どもを産んでも大丈夫かな、と考える。全く一人で、産後赤ちゃんの面倒を見ながら生活するなんて無理な話だ。

我が家も、娘が関西で出産したが、一ヶ月、長崎から産後のお手伝いに出かけた。買い物から、赤ちゃんの世話、家事一切を引き受けて同居生活をした。母と娘の貴重な時間だったと思う。

これからの社会は、男性にも育児休業を取りやすい環境を整備することが、少子化問題を解決する一つのヒントだと思う。

女性の先生への差別は、育児休業から復帰して明らかになる。当然担任は外されているし、授業だけが沢山詰められていて身動きが取れない。朝や夕方の時短の育児休暇を取得する先生もいるので、授業がメインとなる。

今でも忘れられない出来事が一つある。育児休業から副担任として復帰したての頃、担任の先生が事故で急に入院となり、担任の代わりがいなかった。そこで私に、校長先生は、このまま担任をしてください、との業務命令だった。

「授業もいっぱい持っていて余裕はありません、育休明けなので今の自分にはできません」と

お断りをしたら、

「できんなら、やめんばたい（できないなら教師を辞めないといけませんね）」と言われた。

悔しくて、悔しくて、結局、担任を引き受けてやり遂げた。他の先生方の、不足分を補う、そんな悔しい立場だった。

息子が一歳の誕生日当日から保育所に預け、沢山の病気をもらい、休日夜間病院の常連になった。肺炎で入院もさせた。仕事をしながらの子育ては、やっているときは必死なのでその苦しみはそんなに感じないが、客観的に見るとやっぱりすごいことだな、と思う。若かったからできたけれど、年齢を重ねてからはかなりきついと思われる。昭和の終わりの頃の話だ。

でも、前述のように苦しいことばかりでもなかった。

長崎に戻って本格的に持たせてもらった一年生の担任。四月始まってすぐにぶつかったのが、不登校の女の子との関わり。その生徒は小学校でも不登校気味で、近くの優しい女の子を二人、同じクラスに付けてもらっていた。

彼女たちが誘って学校に登校したのが最初の二日間。それから欠席が三日続いたので、これはまずい、今のうちになんとかしておかないと、この子はずっと学校に来れない状況に陥る。そう判断して、家庭訪問。お母さんがその子をかばって隠しておられたので、私はその子を母親の後ろから引っ張り出して、「明日から絶対に学校においでよ、友達も待ってるんだからね」

と、厳しく追い込んだ。親の前で体罰とも取れる「引っ張り出し」をして、本人に約束を取り付けた。

実は、次の日から、彼女は一日も休まずに登校できた。保護者にも、ありがたがられて、なんとも嬉しい結果になった。

その子とは、卒業してからもずっと繋がっていて、彼女が五十歳になる今でも、時々私に電話をくれる。最近はＬＩＮＥを始めたからと、先生ＬＩＮＥして良いですか？と言ってくる。悩みごとの相談が一番多いが、最近は私のことも気にかけてくれて、「先生、お孫さんのところには行ってますか」と心配してくれる。

わずか十三歳の頃、一年足らずの期間だけ関わった子と、今でもＬＩＮＥ友達になれる。教職の素晴らしさを改めて実感する。

後々、彼女にどうして次の日から学校に来ることができるようになったの？と聞くと「とにかく、先生が怖かったから、行かないとまた怒られるのが怖かったから」と。でも「本気で私のことを思ってくれているのが分かったから、今までこんなに本気で怒ってくれる人はいなかったから」とも、言ってくれる。

子どもたちって、こちらが本気でぶつかれば、ちゃんと気持ちは伝わるんだな、ということが分かる。

「やっぱり先生って良いなあ」とつくづく思う。あの頃の体当たりの指導は今では許されないが、本気度を示すことはいつの時代も大事なことだと思う。

それから、二人目の子どもを授かり、出産・育休と繰り返し、本格復帰できたのは三十四歳。その間の五~六年、大事な仕事は任せてはもらえない。それは女性職員にとってリスクでもある。しかし、自分が子育てして身につけた知識や能力はきっと学校現場でも生かせるはずだと信じる。親の気持ちが分かる、思うようにいかないことも多くある、子どもって、そんなに簡単には育たない。特にできない子の気持ちが分かるようになる。問題を抱えた子に気持ちが動くことも多い。支援の必要な子ほど、可愛らしい。こんな思いは、子育てしたお母さん先生ならよく伝わる。

出産・育児で、仕事の面では辛い経験もしたが、これを乗り越えればきっと楽しい日々が待っているはず、教師という仕事は本当にかけがえのない、やりがいのある仕事だと信じて疑わなかったし、何より、教壇に立って生徒とやりとりする、この楽しいこと。

こちらが本気でぶつかっていけば、ちゃんとそのエネルギーの分は、後になって返してくれる。三十年、四十年とかかるかもしれないが、それもまた楽しい。きらきらした彼らの視線の先に自分が立っていられることの幸せ。いっぱい生徒たちから幸せをもらって、ここまでやってくることができた。

③ 荒れた学校でのやりがい

現代の思春期の生徒たちは、自分の感情をむき出しにして、大人に向かってくることは少なくなったのではないだろうか?

長崎の片田舎でも、昭和の終わりから平成の十年あたりまでは、中学生が大いに暴れた時期があった。

島から長崎に上がって、勤めた学校は全て大・中規模校で、当時かなり荒れていた。ガラス窓が割られて、三階からその破片が落ちてくる。バイクを乗り回し、校舎の中に乗り込んでくる。

やっかいなのは、大人（教師集団）への言われもない反抗心をむき出しに、暴力で向かってくる、平穏であるべき学校の中が、暴力で満ち満ちていることだった。そんな姿を目の当たりにし、体ごと自分もそこに突っ込んでいかざるを得なかった時代があった。

保健室を占拠して立てこもり、居座ったり、授業を抜け出して中庭で焼き芋をしたり、火遊びをしたりして遊んだり。まあ、ありとあらゆることをしでかした生徒もいた。

その荒れた学校では約二年間、日々、いろいろな事件が起こった。残念ながら個人のプライバシーに関わることもあるので、記述は控えるが、思い出すだけでも吐き気がするような出来事の連続だった。

彼らが荒れるのは、それなりの理由があるのだろう。特に思春期は、まずは自分の親との確執。自分のことが分かってもらえない、認めてもらえない。家庭的に、経済的に恵まれない子たちは、その日に食べるものにも不自由する。給食の時間になると、自分はお弁当を持ってくることができていないので、友達の弁当を狙って、おかずをもらって回る。周りも分かっているから、卵焼きやハンバーグを分けてあげる。でもそれが毎日ではたまったものではない。パンを買うお金ももらってこない子は、給食時間になったら、教室から逃亡する。それは仕方ないのだろう。家庭的に恵まれない子もまだまだ多かった。

精神的にイライラして、まずは物に当たり散らかす。校内の壁や、荷物箱が少しずつ壊される。美しかった校舎が、どんどん壊れていく。トイレのドアを壊したり、きれいな床にペンキをまいて遊んだり。皆が嫌がることを面白がってやる。気持ちのバランスが取れないまま、やりたい放題にやる。

一度、学校が傾き始めたら、簡単には止められない。

学校の中で、明らかに暴力が起こったら、これは教師では処理できない。警察に応援を要請するしかない。そこの判断が校長としては難しいと思うが、私はこの経験を通して学んだ。

先生方の車が、ボコボコに潰されている。二十数人いた職員の中で、車を傷つけられなかった先生はいないのではないかと思う。私の愛車も、うしろタイヤの付近を蹴られてへこまされた。警察を呼んで欲しいと、何度も校長先生に訴えた。でもその判断はくだらなかった。みなさん、泣き寝入りだった。

その後、数年して「特別支援教育」だったり「スクールカウンセラー配置」だったりが進んできたと思う。もっと私たちが彼らのことを理解して、余裕を持って対処してあげられていたら、違ったのかなあ?とも思う。同じように荒れた子でも、本当は一人一人課題は違っているはずだ。学習障害や注意欠陥多動性障害などの障害を生まれ持ってきた生徒もいるだろうし、自閉スペクトラム症をもって、人間関係を上手にこなせない子もいたかもしれない。

もちろん家庭の事情で、親の愛情を受けられなかった子や、経済的に厳しくて苦しい生活を強いられていた子もいただろう。もっと我々に知識と経験と、豊かな人材があったら、そうならなかったかもしれない。

ちょうど世の中は「少年事件」が勃発していて、神戸や佐世保や長崎市で、それまでには考えも及ばない狂気的な少年・少女の殺人事件が続いた。新しい時代の新しい犯罪だった。我々教師はびっくりするばかりで、その事件の本質を見抜くまでに時間がかかった。特別支援教育やスクールカウンセラーの知識や技術が普及していたならば、早期発見で問題に当たれたのかもしれないが。

やりがいなんてつかめない、毎日がむなしさだけで過ぎていった。目の前の課題を解決することに必死で、先のことなど見えなかった。一つの問題に取り組んでいても、次から次へと問題が起こるので、未消化のまま置き去りにされる。しかし、立派な素晴らしい生徒が大半なのだから、頑張らないと彼らに申し訳ない、と自分に言い聞かせ、過ごした。

午後から、三年生の先生方が出張に多く出られると、教員が足りなくなる。彼らにとっては天国だ。私は二年生の学年主任だったので、二階の教室で授業をしていたら、下の一階の三年生の教室から、ガタゴトガタゴト、物を壊す音が響いてくる。二年生の子どもたちは私に「先生また始まったよ、行って見てきてください」と言う。

私が学習課題の指示をして一階に下りてみると、案の定、彼らが木製ロッカーをたたいて壊している。それを力尽くで止めて、彼らの相手をする。自分の授業はできないまま。話を聞いてやり、相手をする。相手をしてくれる大人は好きみたいで、話しかけてくる。寂しいのだなと思う。壊しちゃだめだよ、と諭し、落ち着かせる。

授業から抜け出し、勉強ができない彼らのような少年を見てくれる、公的な施設が欲しいと思った。警察ではなく、児童相談所でもない、このようなアウトローな生徒を一気に引き受けてくれる施設があっても良いのに、と思った。

普通の学校では全てを面倒見ることはできない。第一、人材が足りない。先生方は毎日、いっぱいいっぱいで動いている。じっくりと彼らの相手をしてあげる時間はない。人手不足をひどく感じた。

④ 管理職を目指すきっかけ

前述の項目で私は思い知った。

「校長にならなければ、生徒の命は守れない」と。

学年主任くらいに甘んじていては、本当の意味で、学校は変えられないと。

いずれは、私も一校の長になって、肝心の判断を自分の責任でやりたいと。

それまで、そんなことはほとんど考えたこともなく、のほほんと暮らしていた。目の前の学級の子が可愛くて、楽しい学級作り・学年作りができることを幸せだと感じていた。

この荒れた学校の経験を機に、様々な物の見方も変わった。

学校の組織的なことや、学校運営そのものについて、自分なりの考えを持つようになった。

その荒れた学校を七年で転勤し、自宅の近くの新しい、落ち着いた中規模校に入った。そこには、地元なので、息子の保育所時代の同級生や、学童時代の子どもたちがいた。当然保護者も知り合いがいた。

まずは三年の学級担任からスタート。進路指導主事という役職。バドミントン部の顧問。学年四学級の、まとまった学校だった。この学校には、優秀な男性職員が多く配置されていて、とてもレベルの高い教育ができたと思う。仲間に恵まれてとても楽しい時代だった。

二年目からは学年を任され、三年間育て上げた。優秀な子どもたちも多く、こちらが勉強になった。四年目からは、初めての教務主任。学ぶことが多く、周りの男性陣に助けられた。教務主任をすると学校全体の教育課程を管理でき、計画にも携われ、意見も通るようになった。自分が計画したことがスムーズに運営され、成果を上げていく。このやりがいも面白かった。教頭先生の仕事も側で見ていて、だいたい理解できるようになる。ここで管理職への下地は作られた。

しかし、試験は一次試験まで合格したが、昇任はできなかった。ここには大きく、「女性の壁」が立ちはだかっていたのだろうか？

次の長崎市内の大規模校で、教頭先生への切符を手にした。

一年間だけのご縁だったが、そこの校長先生が、昔の学校での先輩で、「ここで俺と心中するつもりで頑張って」と期待された。飛び込みの教務主任だったが、体育館で教務主任として、自分のひと言号令で、千二百人余りの生徒を動かす役割を与えられた。

無我夢中での毎日で、途中、教頭先生がご病気をされたので、教頭代行もしつつ、試験に臨んだ。
年齢も年齢だったので、すんなりと一年で昇任でき、教頭職に就いた。

⑤校長への高い壁を乗り越えて

校長試験を受験する資格は、教頭職を三年以上こなした人。やはり校長になるには教頭を現場でしっかりと経験する必要があることは当然だ。組織のトップとして就任するためには、組織の構造的なことを身をもって経験し、理解しておくこと。部下の先生たちが何に悩み、何に苦労しているのか、経験していなければ理解できない。
私の教頭時代は最低コースの三年。しかし、実に内容の濃い、三年間だった。

教頭一年目

赴任して教育長先生から言い渡されたことは「貴方の仕事はこの学校の三十人いる不登校生をなくすこと」と。私にはそのような期待がかけられているのか?とびっくりしたと共に、この学校の規模で三十人は多すぎだろうとも思った。難しい課題を与えられたと思ったが、そのご期待に添いたいと必死で頑張った。
・基本的生活習慣の乱れからで、朝起きられない。
・家庭の事情で、学校に行ける環境にない。
・本格的なメンタルの病気で、友達と会えない。

これらの理由で休んでいる生徒に徹底的にアプローチし、担任の先生や学年主任とチームを組んで、朝から毎日連れに行くことを何度も試みた。さすがの生徒たちも、何度も何度も来られるとうんざりしてきて、「分かった行きます」となる。単なるサボりはこれでクリア。苦労したのは、気持ちが落ち込んでいて人と会って話せない子に対して、スクールカウンセラーの先生と行った家庭訪問。何分かは話ができるが、なかなか難しかった。

三年間リーダーシップを執って取り組んだことは、学校の中の部会を活性化させること。不登校や生徒指導、特別支援に関わるあらゆる先生方に参加していただき情報交換する。一週間に一回、何があってもこの会だけは充実したものにしていった。

こうして、どんどん不登校が減少していった。

教頭二年目

この年は、学校の仕事と同時に西海市《さいかいし》のＰＴＡ会活動の責任者で事務局に当たっていて、その仕事に振り回された。この九月に体を壊し、持病が再発して倒れた。一週間くらいの病休をいただいた。しかしその間も不登校対策は継続。

教頭三年目

曲がりなりにも三年経過するので、その夏に実施される校長試験に挑んだ。土日のどちらかを利用して勉強に励んだ。自宅への移動のときの車内では、テープに録音しておいた教育法規や、県からの通達を暗記した。自宅で半日は部屋にこもって論文を書いたり書類を読み直したり。寸暇を惜しんで準備をした。

赴任当初の教育長からの課題は、年々少しずつ解決していった。三年目には、完全な不登校は二人に減っていた。日頃の職務の状況が自校の校長に評価され、それが合否判定の材料にもなるらしい。校長先生が認めてくださって、教育委員会・教育長に上がっていくのだろう。自分では全く予測できない内容だ。とりあえず、頑張ったのは事実。


それまでの過去の女性管理職の先生方のモデルケースでは、なかなかなることができなかった「夫婦での校長」しかも、中学校同士の校長。その少し前までは、女性の中学校の教頭先生方は、なぜか「小学校の校長で昇任」される人が多かった。中学校の学校数が少なくて、なりにくいという現実はあるが、なぜか皆さん、小学校の校長先生になられていた。

また、それよりも二十年くらい前までは、旦那さんが校長になるためには、奥さんを退職させなければ、なれなかった。そんな現実が教職の世界ではずっと続けられていた。私の伯母もその一人。五十歳くらいで突然退職したので、どうして辞めたの?と聞くと、旦那さんを校長にするために肩たたき（あくまでもそれは助言であって命令ではなかった）があったからということだった。

そんな悪い因習がはびこっていたこの世界も、少しずつ変わっていき、中学校にも女性の校長が任用されるようになった。でも、我々のように夫婦で管理職を目指している者にとっては、なかなか難しかった。基本的に夫婦とは言え、別個の人格・人間だ。それぞれ別の人間として評価して欲しいものだ。

小学校の校長同士の「夫婦校長」が誕生し、その後「小学校・中学校」の組み合わせも誕生し、やっと我々が誕生したということだ。道のりは長かったなあと思う。何度、諦めかけたことか。しかし途中で諦めずに良かったなと思う。

あれから十年以上も経つが、後に続く例を県内では聞いたことがない。私たちが最初で、最後なのか？　それではいけないだろう。やればできるのだから。ぜひ、後に続く人たちを育てたいと思う。

⑥ 十三年もの単身赴任

女性の生き方をたどるときに、どうしても避けられないのが「子育て」だと思う。これは、結婚して、出産して、生きてきたひと昔前までの女性の生き方の典型だ。昭和三十年代前半の生まれの私の中には、「結婚しない」という選択肢は存在しなかった。ましてや長崎県の離島で生まれ育った私にとって、女性が結婚しないで一人で生きていく方法なんて考えつかなかったし、結婚はしなければならない人生の道理だと思ってきた。

その考えの中には、どうせ女は一人で稼いで生きていくことなんて不可能だ、男性に寄り添って、生活の面倒を見てもらって暮らしていく、それが当然なのだ、という当時の社会通念の影響があったのだと思う。

もちろん、男性の独身者もあまりおられず、どうして嫁さんが来ないのだろうか、どこか身体が悪いのか？と思われるのが当たり前だったような時代に私は育ってきた。

ところがどうでしょう？　私もあと五年、遅く生まれていたら、結婚はしていなかったかもしれない。結婚しないでも大丈夫、女性一人でもやっていける、という考えがまかり通る世の中に変わっていったからである。時代の影響は本当に大きいと思う。今や、結婚しない男女が世の中には沢山おられる。何も珍しいことではない。私の知り合いにも沢山一人で幸せに生活している人がいる。男性も女性も。

単身赴任と子育て

長崎県は、ちょうど私が新任で採用された頃に、「広域人事交流」と呼ばれる人事の基本方針が打ち出された。長崎県は島地区を沢山抱え、離島の学校が全体の三分の一くらいあった。この離島の小さな学校に誰を赴任させるかが大きな課題だったのだろう。

誰だって、陸続きで便利な街地区に住んで、生活したいと思う。また、都市部と離島地区の教育格差が生まれても良くないということで、「長い教職人生の中で、一度は島地区も経験するべき、郡部の田舎の方にも行くべき、市内の大きな学校も経験すべき」ということで、三地区を六年間ずつは回らなければならなかった。当然、教員生活の中では、転勤がずっと大きなウエイトを占めていった。

私なんて、スタートから島の島だから良いのだけれど、これが六年いないと出られない、そんな決まりだった。小さな学校を三年、また違う離島の学校に三年、合計六年勤めてやっと本土に戻れる。この制度でどれだけの人が苦しい思いをし、生活を変えられ、人生設計に狂いが出てきたことか？　計り知れない。

どんな仕事も転勤や配置換えなどあると思うが、この長崎県の広域交流人事の制度は、困難なことが多かったと思う。当時、離島や僻地への単身赴任が倍増しただろうことは想像が付く。若ければ若いなりに、働き盛りの人はそれなりに家庭の問題があり、場合によっては単身赴任を選択せざるを得ないのだから。

あれから四十年近く、長崎県の人口は徐々に減少の一途をたどり、島の学校は一つ減り、二つ減りとずいぶん数少なくなってきて、今では六年ではなく三年で帰って来れるように変わった。

実際に我が家でもこの広域人事の影響があったのは、結婚当初の半年間だった。いわゆる新婚別居を覚悟で、結婚に踏み切った。幸い、半年で帰していただいたが、任期を満了していないので、四十代・五十代になってもう一度離島勤務になる可能性が高いと言われた。それでもやっぱり、新婚なので一年でも早く落ち着いた生活がしたいということで、五年で帰してもらった。

では、何も問題ないじゃないか、と思われるだろうが、ところが、予測もしない大きな壁がまた立ちはだかった。

一概に単身赴任と言ったら、旦那さんが仕事のために遠いところに転勤になり、子どもや家庭の事情で奥さんや子どもが引っ越せずに、旦那さんだけが単身で勤務地に赴任するから、単身赴任というのではないか。

しかし我が家は、そのパターンだけではなかった。

長く、一生、長崎県の教員を続けていくためには、一度は先生方はその覚悟を持って過ごしているると思う。単身赴任するなら、いつの時期が良いのか？　子どもがある程度成長してから、親の介護が必要でない元気なときにとか、ある程度予測を持って考えられる。

しかし、それは一般の教職員の場合。管理職となれば全く当てはまらず、いつでも、どこにでも行く、それぐらいの覚悟がないと管理職にはなれない。そういう厳しい条件があるから、長崎県の女性の先生方は、管理職になろうという夢を初めから持たない。当然持てないのだ。家族がばらばらになる、子どもを置いたままで、自分だけ管理職になって赴任するなど、だれが考えようか？　最悪、子どもを連れて離島に行き、一人で子育てもしながら、管理職を務めるなど、ほとんど不可能に近い条件を誰が引き受けるものか。

表に見えないそんな理由もあり、長崎県の女性管理職の数は増えず、いつも全国でも最下位を更新しているのではないかと思われる。


ここで簡単に我が家の十三年間の単身赴任時代を五段階に分けて説明しておきたい。全五回の単身赴任だったので、その時々に起きた大きな事件を取り上げたい。

単身赴任一回目
主人が教頭昇任、離島へ三年間。息子中学校一年生、娘小学三年生。

・息子の部活動の問題
単身赴任二回目
主人が教頭で三年間。息子高校一年生、娘小学六年生。
・息子の救急搬送事件・謹慎処分事件
単身赴任三回目
私が教頭昇任、自宅から車で五十分、三年間。娘浪人時代。
・娘の予備校でのパニック事件
単身赴任四回目
私が校長昇任で、離島（小値賀島）二年間。子どもたちは大学生。
・自分の病気との闘い
単身赴任五回目
私が校長で、自宅から車で五十分、二年間。
・最後の学校・仕上げ

【単身赴任一回目】三年間、配偶者の単身赴任

主人は現実的には、土曜・日曜日、仕事が入っていない週末には、自宅に帰ってきていた。しかし、日曜日の夜に島に戻るか、月曜日の早朝四時起きで、朝一番の貨物船のような船で渡って、勤務に就いていた。

息子の部活動退部問題、新しい部活への挑戦へ

シングルマザー的に子育てをする毎日だが、一番難しかったのは、息子の思春期突入時の対応。この時期の父親の存在は大きい。私が一人で、父親役もやっていた。

好きで入ったバスケ部だったが、秋の終わり頃突然バスケ部を辞めると言い出した。彼の言い分は「顧問の先生は俺のことなんて名前も覚えてないし、知らないと思う」と。「こんなチームにいつまでいたって、上手にはならないし、楽しくない。だから、俺はバスケ部を辞める」と言うのだ。

思春期の始まりで自己顕示欲も出てくるし、自分が認められていないという悔しさもあったのだろう。辞めることに私は反対はしなかった。やり始めたことを途中で投げ出すことは嫌いだったが、相手は息子。自分ではないので、強くは言わなかった。次の方策を一緒に考えて、悩んだ。

数日して、「母さん、俺、バレー部に入るよ」と言ってきた。バレー部って、今まで一度もバレーボールなんて触ったこともなく、バレーはしたことがないじゃないと、びっくりした。

しかし子どもって、親の心配をよそに自分のやりたいことを貫いていくものだな、と教えられた。未経験のバレー部に飛び込んでなんとか充実して部活動を最後まで続けられた。

中学三年間ずっと、そばに父親のいない家庭で育ち、大きく非行に走ることもなく、母親に刃向かってくることもなく、素直に育ってくれた。私は、日々の食事・弁当、身の回りの世話、掃除洗濯など、仕事の合間に片付けて、ほとんどゆっくり話も聞いてあげられないまま、過ぎていった。勉強へのアドバイスはあまり熱心にはしなかった。本人がやる気が出れば頑張ってくれるだろうと信じ、待っていた。部活動でへとへとになって帰ってくるから、受験勉強はどうなるだろうと心配していたが。

秋の終わり頃になって、やっときれいに部活動から引退して、勉強に打ち込んだ。残り三ヶ月くらい、必死に塾に通って頑張っていた。私立二校と長崎五校と言われる進学校を受験した。おかげさまで、私立の二校はすんなり合格し、最後の公立に挑んだ。自宅から通いやすいH校を希望していたが、合格したのは家からはちょっと遠いK校だった。どうしてなんだろう？と疑問に思っていたら、そこには、何らかのからくりがあったようだ。

【単身赴任二回目】三年間、配偶者が二度目の単身赴任

三年間の離島勤務を終え、自宅から車で三十分くらいの、近くの学校に転勤。教頭職のため、別に住宅を構えた。

息子は高校に入学して以来、机に向かって勉強する時間なんてほとんどなく、座っているかと思ったら、寝入っている。練習でくたくたなのは分かるが、みんなその中でもなんとか勉強もやって卒業している。このままでは、きっと卒業が危ないほどの成績に下がっていくだろうと予測はできた。

一学期末の保護者面談ではさんざんだった。これほどひどい言われようもないくらいの成績で、私には理解できない。息子とは何度も何度も勉強のことで話し合った。本人も自分の出来の悪さはよく分かっているようで、やれてないから、仕方ないと。

そのうちにだんだんと私の方でも諦めの気持ちが湧き出てきて、「この子は二つのことを上手にこなせる子ではない、こなす能力もないのだ」と思うようになった。

高校二年の時の「親呼び出し・謹慎処分」

この事件は、起こるべくして起こったこと。

謹慎処分の理由は「化学の試験中のカンニング」。やってくれました。

本人もこのままではまずい、赤点になる、と思ったのか、化学記号か何か書いてあるプリントを机の中にしまっておいて、それを盗み見していたらしい。そこを試験監督の先生が見つけてくださった。本当に馬鹿としか言いようがない。

当時主人は中学校の教頭、私は中学教諭。高校の先生方も、我が子にはどんな教育をしてるんだ?と、正直思われただろう。校長先生はバレーボールにはとても熱心な校長で、部活で頑張ってることは認めてくださっていたが、「カンニングはやってはいけないこと。そこをしっかり反省しなさい」とのこと。

私も主人も、情けないくらい恥ずかしい思いをして、校長室でご指導を受けた。我が子をまともに育てられもせずに、人様のお子さんに、偉そうなことは言えないな、と反省。それから一週間くらい、自宅での学習。時々、担当の先生方が、交替で励ましに来てくださった。その間だけは、息子も神妙にしていた。当然大好きな部活もできず、自宅学習。時々仕事を早く抜けて、私も見守り。主人はまた、職務に戻り、私に預けられる。

この謹慎事件は、親にとっては、とても大きな衝撃として残った。

だからといって、父親と息子が腹を割って話をするということもほとんどなく、母親任せになっていたと感じる。今思っても、父と息子の関係は決して良くはなかった。お互いの努力が足りなかったと思う。父親も、ここは自分の出番だと本気で思って息子に向き合ってくれれば良かったのに、と後悔する。

それからずっと長いこと、息子は父親と話そうともしなかった。大事な話はいつも私に持ってくる。話しやすいからだと思うが、もっと父親を前面に出してやれば良かったかとも思う。結局大事な大学進学や就職活動のときも、ほとんど父親には相談しなかった。なぜなのだろう？と今になって思う。男同士って、そんなに難しいのかな。

救急車搬送事件二回

高校二年生にもなると、レギュラー争いが激しくなってくるのは当然だ。バレーのためにこの学校に推薦で入学してきた生徒もいるだろう。将来、バレーで身を立てていこうと考えている子もいるだろう。そんな強豪校でレギュラーになるのはとても難しいことだとは分かる。

まして息子のように、中学の途中からまるで素人でバレーを始めて、高校でレギュラーになるのは至難の業《わざ》だ。それも本人が一番分かっていたからこそ練習が第一で勉強はその次。体力、筋力を高めて技術を身につけることが一番大事だったのだろう。まず、練習を一度も休まない。授業中は居眠りをしていても、放課後の練習時間になるとぱっちりと目が覚める。そんな生活をしていたのだろう。

ある冬の日、夕方遅くなって息子が監督の先生に送ってもらって帰ってきた。どうしたのかと先生に尋ねると、練習の終了後、動けなくなって倒れてしまった。それで送ってきてくださったのだという。

自宅に着いたものの自分では歩けないので、先生に抱えられて、リビングに倒れ込んだ。本人に話しかけてもあまり反応がない。そうこうしていたら、全身が硬直して、けいれんを起こしだした。手足は冷たい。しびれている。これは普通ではない、「すぐに救急車だ」と、一人で慌てて救急車を呼んだ。

しばらくして救急車が到着し、隊員の方に事情を説明して、搬送していただいた。

本人が言うには「練習前に熱があったけれど、練習は死んでも休めないから、先生には黙ってプレーを続けた。けど、具合が悪くなって倒れてしまった」と。

なんと、あきれ果ててしまった。

具合が悪いなら悪いと監督に言って見学させてもらうなり、練習を休むなり、方法はあったはずだ。しかし彼の中にはそんな選択肢はなく、練習を休んだらレギュラーに使ってもらえない、それはどうしてもだめだ。監督の前では具合が悪いなど、絶対に言い出せない。ということだった。

それで、倒れるまでやるんだ？　私の中では理解できない答えだった。

幸い近くの病院に搬送され、すぐに点滴を打っていただき体は落ち着いてきた。高熱が出てるのと、きつい練習をしたことで、過呼吸になってしまい、手足が冷え切って、しびれたらしい。

身長は百八十七センチ、体重は九十キロ以上の大男だ、メンタルは弱いのだなとつくづく思う。自分の体力の限界ぎりぎりまで追い詰めた、厳しい練習をずっとやってきたのだなと、ある意味尊敬もするし、感動した。これは、好きでないとできないし、よほど強い思いがないと続けられない。

社会人になって、彼は「あの、高校のバレーの練習を乗り越えてきたから、どんなにきつい仕事でも乗り越えられる。あれほどきついことは二度とないと思う」と言う。

この六年間の二回の主人の単身赴任は、私にとっても子どもたちにとっても、苦労の多い時

間だった。特に男の子の思春期真っただなか、子どもが育つ上で大事な「父性」が欠けていた。そこを無理矢理母親が一人で補ってきた。

なにより一番不幸だったのは、子どもたちだろうと考える。男同士で相談したり、語り合ったりしたかったのではないだろうか？　母親では満たされない、なにか不思議な感情があったに違いないと思っている。

現代日本の働き盛りの父親たちに、自分の仕事優先で、家庭を、子どもを見失っていませんか？と言いたい。子どもの心の成長の一番著しい思春期に、父親が寄り添っていられたら、子どもは幸せだろうなと思う。いればガミガミと口うるさく説教されるかもしれないが、その過程が大事なのだ。我が家にはそれが完全に欠落していた。

今更やり直すこともできないが、不思議なことに、息子が三十七歳になって（自分が息子を子育てする時期にきて）、考えさせられることがあったのか、彼は、自分から父親に対して接近してくるようになったし、優しくなってきた。

「子を持って初めて親の心が分かったのか」そう感じる。今必死で取り戻そうとしている親子関係。

横浜在住なのに月に一度のペースで帰省してきて、三日間、実家で会社や仕事先とのリモートワークをしている。生活は私たちと三人で一緒に過ごす。食事をしたり、飲みに行ったり、ときには温泉に行ったり。今年はこの息子の帰省リモートワークのイベントが入り、私自身は忙しくなった。

思春期の頃に繋いでおくべき絆を、完全に取り戻すことはできないかもしれないが、徐々に息子と父親との関係は良くなってきている。ありがたい。

【単身赴任三回目】三年間、私の単身赴任

落ち着いた生活もつかの間、ちょうど娘が高校三年生に上がった年、私が自宅を出て単身赴任することとなった。

教頭試験に合格し、新任教頭として自宅から二十五キロくらい離れた陸続きの単身赴任。平日は単身で赴任地へ、土日は自宅に帰って娘の顔を見る、その繰り返し。

しかも、新任教頭で地域のことも知らないで、地域に住まない通い教頭では、保護者や地域の方々に信頼してもらえないと考えた。娘には申し訳ないが、父親との二人暮らしをして欲しいと伝えた。毎日の食事の準備、お弁当の準備、掃除、洗濯、後片付け、やることは沢山ある。当時、父親はすでに校長になっていたので、出張や会議などで帰りが遅い日もある。娘が一人になることも多々あったと思われる。

しかも娘は高校三年生の受験生。めちゃめちゃハードな一年になることだろうと、予想は付いていた。こんな親でなかったら、彼女はもっと悠々と受験生をやっていられたかもしれない。母親は教頭で単身赴任、父親は校長。たまたまこんな親であったばっかりに、今思い返せば、かわいそうなことをしたな、と思う。

しかし、娘は反発もしないし、嫌な顔もしなかった。むしろ私のキャリアを応援してくれていたのかもしれない。本人に聞いていないので分からないが。

残念ながら、現役高三での受験には失敗をして、浪人を決めた。

でも娘は、浪人はこの一年しかしない、と決めていた。そんなに何年も、勉強ばっかりは嫌だ、ということのようだった。

娘の浪人時代のパニック事件

思わぬところに落とし穴はあるものだ。

幼い頃から、優等生でしっかり者で元気な娘は、親にあまり心配をかけずに成長した。お兄ちゃんに手がかかりすぎた反動か、娘は兄貴が怒られるのを見て学んでいたのか、ほとんど親に怒られることもなく育った。それで親の方も、安心していたのかもしれない。まさか、こんなことでつまずくなんて、と。

予備校に通うために自宅から通うこともできたが、母親は単身赴任で家にいないし、電車で通うのも時間がかかるし……。ということで、その予備校の女子寮が近くにあり、その寮に入ることにした。

本人もその方が落ち着いて勉強もできるし、時間が有効に使えるということで、寮生活が始まった。土曜日は自宅にも帰れる。私も娘のことが気になるので、土曜日には自宅でいっしょに過ごすように心がけた。

夏に入って、夏期講習の最中だったたと思う。

予備校からだったか寮からだったかはっきり覚えていないが、私に電話がかかってきて、

「娘さんが授業中に気分が悪くなって、授業が受けられない状況です。良かったらお迎えに来てください」と。夏休み中だったので仕事を切り上げて、車を飛ばして迎えに行った。

「どうしたの？　いったい？」と本人に聞くと、

「生物の時間か何かに、気持ち悪い映像を見せられて、気分が悪くなって、過呼吸になった」と。


我が子はどうしてこうストレスに弱いのだろう？　二人とも過呼吸になるなんて。

原因はもっと他のどこかにあるはずだからと一旦、自宅に連れ戻すことに決めた。

朝は陽が昇る前から起きて、寮で勉強をし、予備校に行く。二浪はしたくないから、自分の夢を叶えるために、絶対に医学部に入らないと、と自分を追い込んでいったのだと思われる。まあ、よく頑張っていたのだろう。

よくよく話を聞いてみると、同じ寮の中に今までには出会ったことのないような強烈な性格の持ち主に出会っていて、その子が自分に対してライバル心をむき出しにいろいろと言ってくる、と。

それが彼女のストレスとなって心をむしばみ、過呼吸に追い詰めていったのだと、理解した。そう言われてみれば彼女は、中学から国立の付属中で、育ちの良いお嬢さんが多い学校に通い、高校ではもっと育ちの良いお嬢さんたちの中で、いわば温室でほんわかと育ってきた。今回出会ったような強烈な個性の持ち主と触れ合って学ぶことがなかったのだと分かった。やはり、温室でばっかり育てたら、とたんに外の世界ではしおれてしまう、植物と同じだ。

こうなっては彼女を今の環境から解放してやるのが一番だと思い、「当分、勉強はしなくて良いよ、明日からゆっくり温泉旅行に行こう」と誘った。

次の日から、親友のM先生を誘って三人で黒川温泉、阿蘇の草原、気持ちの良いドライブ旅行に出かけた。

親友のM先生は、家族ぐるみの親友で、子どもたちもよくなじんでいてお友達みたいに付き合えるおばちゃんだ。また、母とは違って話し相手にもなってくれるだろうと確信した。ことの事情を話して、付き合ってもらった。

この旅がすごく娘にはリフレッシュになったのか、楽しく笑って過ごせた。あいにく私の方も限界に達していたようで、疲れが溜まっていて体調不良を起こし、ホテルで休んでおくしかできなかった。

案の定、持病のバセドウ病が再発。身動きが取れない。車も運転してきたし、娘のことが気がかりで仕方がなかったのだろう。自分ではよく分からないが、私の場合はストレスが主な原因と医師に言われているので。

私が寝ている間、M先生と娘で、黒川温泉の街を散策に出かけた。ありがたかった。持つべきものは友達だと思った。M先生は養護教諭で、心の問題にも長けているので、うまいこと娘のストレスを発散させてくれたのだろう。

温泉旅が終わって、さてどうするか？

「このまま、寮は退寮してもいいよ。予備校も行きたくなかったら行かなくて良いよ」と娘に問いかけた。

「いいや、行く。寮に戻る」と。

「無理はしなくて良いよ、いつでも辞めて良いんだから」と言うが、気丈にも戻っていった。

心配が消えないのは、私の方だった。

この娘の過呼吸事件で、いろいろと考えさせられた。

・この子は大丈夫、と勝手に親が思い込んではいけない。弱いところを持っているんだと改めて分かった。

・育った環境が人格に大いに影響するということも学んだ。この子にとっては、人間関係の最初の試練だったのかも。早く気づいて良かった。

・私が家にいたら、寮に入らなくても済んだのに。そしたら、自分の弱さに気づくのも遅れたかも？　良かったのか、悪かったのか。

・この事件は、娘の人生の中でも大きな転換期となった。

・私が日頃から家庭を空けていることで、子どもの負担は大きかったのかもしれない。特に女の子は、母親に相談したいときに母は無し、の状況。

・女性五十歳、更年期も真っ直中、ホルモンの病気は避けられない。ましてや、持病でバセドウ病を持っている自分は教頭職……。厳しいなと感じた。

【単身赴任四回目】引き続き二年間、私の単身赴任

離島［小値賀島《おぢかしま》］への赴任

引っ越しまでのゴタゴタ

二度目の単身赴任は、容赦なく、あっという間に来た。

それはどうしてかというと、幸いにも教頭三年間で校長に昇任したからだ。最短コースを突っ走ってきた。

新任校長としての赴任地は小値賀島。しかも、世界遺産にも認定されている野崎島を属島とする、五島列島の最北端の島。人口は三千人足らず、小学校、中学校、そして公立の高等学校までもある「小値賀中学校」と決まった。

この人事は長崎県の教育界始まって以来初の「中学校現場での、夫婦での中学校校長就任」だった。これまで沢山の先輩方が夢見て頑張ってもなしえなかったことだと自覚する。

小値賀島は特別だ。もし小値賀に赴任するとなれば、主に近くの佐世保市や北松浦郡あたりの方々を赴任させるのが通常だ。わざわざ一番南部の長崎市から赴任させるとは、何か理由があってのことだろう。長崎からの校長なんて初めてだと言われた。

とはいえ、決まったからには、そうこうも言っていられず、さっそく現地に下見に出かけた。

長崎からではアクセスが悪すぎる。自家用車で走らせて二時間足らず、佐世保の港まで行き、港に駐車場を借りて、そこからフェリーに乗って三時間。当時はジェットホイルが走っており、一時間四十分。高速船で島に渡った。

島の港には教頭先生と教育長先生が迎えに来てくださっていた。

車で案内していただき、住宅を見て回った。事前のお電話では、前任の中学校の校長先生が住まれていた住宅をそのまま私に譲っていただけるとのこと。そんなに古くなく、住みやすい環境だということで安心して伺った。前任の校長先生からも、いくつかの家具など使ってください と言われていて、助かるなあと思っていた。

ところが、行ってみると話が大きく変わっていた。

私が入る予定の住宅を小学校の校長先生に譲ってあり、では私はというと、何年も人が住んでいなかったような古い家で、実際入り口のドアは壊れて動かないような物件を紹介された。

変更された理由を聞くと、その古い方の住宅の隣に、小学校の女性の先生が住まれていて、隣に男性の小学校の校長を入れる訳にもいかず、という理由だった。小学校の元校長先生は地元の方で、教員住宅には入られていなかった。実質、校長住宅が不足する事態となっていたようだ。

校長で初めて知らない離島に赴任するのに、せめて安心して生活できる環境は必要だ。今回紹介いただいた住宅では落ち着いて生活ができない。正直離島生活で一番気になるのは住宅事情だ。安心して快適な生活ができなかったら、校長などやれるはずもない。一番心安らぐ場所は、自宅・住宅なのだから。

結局私が出した結論は……。

「教育長、すみませんが、私はここには住めません。別の住宅を探しておいてください。赴任まで一週間足らず猶予がありますので。もし、それまでに見つからなかったら、私は旅館に住み込みます。見つかるまで、旅館暮らしをします」と。

どうしても妥協できないことも一つや二つは私にもある。一番気になっていた住まいがこれでは先が思いやられるとも思い、今回ばかりは我慢をしない選択をした。

教育長先生にしてみれば、困ったことになったなあ、と思われていたのが本音だろう。申し訳ない。

その足で地域のお店に立ち寄ったら、

「新しい女の校長、あの住宅はムカデがごろごろ出てくるぞ、上からもぽとぽと落ちてくるから、住めないぞ」と地域のおじさんたちが教えてくださった。

自分の判断は間違ってはいなかったと確信し、思いははっきり伝えてきたので、あとは教育長先生に望みを託すしかない、お願いをしたのだからと腹をくくって下見から帰った。

スタートが整わないと、仕事にも集中できない。そういう意味では、住宅は一番の必須アイテムなのだ。引っ越しまであと三日くらいというときに、教育長先生から電話があった。

「見つかったよ、小値賀一番のモダンな家が」と。

その知らせを受けて必死で引っ越しの準備に取りかかった。家具や寝具など必要な物を買い足し、お店から直接島に送ってもらう。軽トラックを一台借りて、段ボールを積み込み、身の回りの物をとりあえず準備した。自家用車にスーツやワンピース、入学式に着る服類を入れ込んで運んだ。

冷蔵庫や洗濯機は、備え付けのものを使わせていただけるということで、助かった。

その小値賀一番のモダンな住宅は、教育長先生のお宅のすぐ前で、それから二年間、教育長の奥様にはとっても良くしていただいた。自分の母親のような気持ちで接することができ、何でも相談に乗ってもらった。何度も夕ご飯のおかずを差し入れしていただいたのも嬉しかった。感謝、感謝である。


そんな、てんやわんやでの、二回目単身赴任は始まった。

幸い娘が大学生だったので、島まで引っ越しに付いてきてくれた。

病気との闘い

教育界の区切りの中で、この小値賀島は、佐世保市にも入れない、佐々町とも違う。大きく分けて、北松浦郡の校長会に所属となっている。

月に一回の会議は、佐世保からバスで四十分かかる、佐々町で実施されていた。毎回その会議に出席するために、朝七時のフェリーに乗って、十時前に佐世保に着いて、そこから陸路で四十分。知らない土地で初めての方々と触れ合って会議に参加する。

海が荒れている日は船はよく揺れる。私はもともと島育ちで、玄界灘の荒波には慣れていて、少々荒れても大丈夫だったはずが、なぜか、何度も何度も乗っているうちに、ある日突然めまいがして、起き上がれなくなった。何かおかしい？　自分でも普通ではないことに気がついた。そんな症状が気になって、佐世保にある大きな病院で診てもらうことにした。

当時はストレス・過労だろうということで、お薬をもらって帰った。主に、糖尿の数値が高いことと、血圧が百六十近くある。そこに、この海わたりや出張が続いてめまいが起こったのだろうとのことだった。自分では納得がいかなかったので、長崎の脳神経外科専門医にも診てもらった。そうしたら、脳の血管にわずかなつまりが見られる。きっと、そのときに脳梗塞が起こっていたのだろうとの診断だった。後遺症も何もなかったが、決して元気ではなかった。

それから毎月一回休みを取って、佐世保の病院に通院。投薬。

大きな病院なので事前に予約を取って、朝七時から船に乗って三時間揺られて病院に着くと、やはり血圧は高い。昼頃に診察等が終わって、船の時間の五時まで暇つぶし。佐世保の街をぶらぶらして、船に乗って、住宅に着くのが、夜の八時過ぎ。こんな生活がずっと続いた。

秋以降になった頃、車の運転をしていて前後の距離に違和感を覚えるようになった。それまでは佐世保の月極駐車場を二万円で借りていて、そこに置いて船に乗っていた。上陸してからは自宅まで自家用車を運転して帰ったり、校長会へ運転して行ったりしていた。長距離の運転を続けるには危ないな、と自覚できたので、その頃から車に乗ることを辞めた。もしかしたら以前の脳梗塞の後遺症なのかもしれない。ますます不便な単身生活となってしまった。

糖尿の数値も極端に改善されることもなかったので、お医者さんから入院治療を勧められた。二週間病院に入院し、食生活の改善や運動などをメニューに入れながら、劇的に数値を下げる入院治療だ。私はその方法に賭けてみることにした。

夏休みに二週間病休をいただき、佐世保の病院に入院した。カロリーコントロールはバッチリできた。病院ではゆっくり読書したり、それまで忙しかった生活が嘘のようにのんびりした時間が過ごせた。お陰で退院の頃には数値も徐々に下がり、大丈夫になってきた。

甘い物が大好きだった私だが、少しずつ減らしていく食事療法も身についた。ご飯を食べ過ぎない、野菜から食べる、タンパク質を沢山摂る、など。

もしかしたら、新任校長として、自分では気づいていないストレスを抱えていたのかもしれない。

中学校体育連盟の体育大会も、わずか佐々中学校と二校で地区予選を戦わなければならなかった。特殊中の、特殊な学校だ。

生徒を引率して佐々中学校まで試合に出かける。球技の種目だけでなく、陸上大会、駅伝大会など、戦う相手がいないので、ある年は、松浦市が受け入れてくださって、松浦市の大会に参加させたこともある。

新任で赴任した学校が長崎県内でも唯一の地理的環境が恵まれない学校だった、と言えば簡単だったが、たまたまそこに、自分の更年期の体調不良が重なり、何もかもうまくいかなかった。

「どうして自分はこんな苦労をしないといけないのだろう？」とも考えた。無理をし続けて頑張ってきたから、もう体が音《ね》を上げているのかも？とも思った。

そこで出した結論。「二年で、転勤を希望しよう」ということ。

希望したからといってそうなるとも限らないが、今はもう無理はよそう、そう思えた。

二年で島を出たら、次は小学校だった。

「体調不良で、これ以上離島勤務は厳しいです」と訴えた。とにかく、陸続きで病院に通える場所に帰して欲しい、とお願いした。

この年齢になって、小学校の教員免許なんて持たないし、勤めたこともないし、中学校の教員になりたくてなってきたのに、いまさら、校長になって小学校に行ってください、とは？不思議だった。本当に小学校でちゃんとやれると思って、配置されているのだろうか？先輩の中学校長先生方もこうして、小学校に赴任されたんだろうなと想像する。

そんな危機的な状況の中でも、私は自分の体を第一に考えたいと思った。ここで倒れたら今まで頑張ってきた甲斐がない。報われない。辞めないで、最後まで貫き通したい。これが私の強い思いだった。

希望通り、二年で転勤。自宅から、十五分以内の小学校へ。

【単身赴任五回目】二年間、私の三度目の単身赴任

残り二年で、念願の中学校校長へ、三度目の単身赴任

私としては、残り三年で、中学校に戻り、教員人生を仕上げたいと考えていた。しかし、なぜか小学校に四年間もいることになった。

学校経営を思うように形作っていくには、最低三年はかかると思っていた。だから、最後の二年間でいったい何ができるのか、という気持ちだった。

ところがどうしたことか、ふたを開けてみると、最後の二年間の赴任校は、教頭で唯一勤めた懐かしの中学校だった。きっとこれは、私を知っているどなたかが配慮してくださったのだろうと、ありがたかった。

教頭で勤めた学校に、校長でも。こんな幸せなことはない。

何より、地域を知っている、保護者を知っている、ＰＴＡを知っている。

これで一年分は確かに取り戻した、と思った。ここだったら、二年でも私のやりたい学校経営ができるかもしれないと希望が湧いた。

あえて私が出した結論は、自宅から引っ越して、この地に住むこと。

ここに住んでるからこそ見えることもある、感じる空気もある。何より地域の方々に教頭時代の恩返しがしたいと思った。もちろん、地域・保護者のためになるということは、一番生徒

たちのためになると確信していた。生徒に何かあれば、夜中にだってすぐに対応できる。相談にも乗れる。そう考えて自宅から約二十二キロの校区内に住んだ。

校長になったのだから、朝早く鍵開けをしないといけないこともない。夕方は少なくとも教頭先生よりも早く帰れる。それも分かっていたが、私の性分として、いい加減な気持ちで仕事に向き合いたくはなかった。

幸いにも配偶者は自宅でゆっくりと一人暮らしができる、家事・炊事のできる男性だったので、あえて毎日私が帰宅しなくても十分においしいご飯も食べられるし、洗濯もできる。

この最後の二年間の単身赴任は、とても穏やかで、楽しいものだった。子どもたちも独り立ちして都会で仕事に就いていたし、配偶者は自分で自分の生活を維持できる。

本当にありがたい、最後の仕上げの二年間だった。

この十三年間の単身赴任を乗り越えて

単身赴任が十三年も続けば、配偶者は一人で十分暮らせる能力を身につけてくれていた。むしろ、料理などは私よりも創意工夫があり、おいしい物を作り出す。これは、学生時代からの自立生活、離島での独身生活で十分身につけておいたスキルなのかもしれない。

当然、子どもが保育所に通っていた十年近くは、早く帰れた方が保育所の迎えに行って、お買い物に行き、夕食を作って食べさせる。これが、我が夫婦の暗黙の約束事だった。お互いに仕事を優先し、子育てはやれる方が率先してやる。その経験も、この単身生活への抵抗のなさに繋がっている。

その代わり、土日の行事が入っていない日には、自宅に帰って、近場の温泉に出かけた。二人とも温泉だけが癒しのオアシスとなっていて、遠ければ大分湯布院や、熊本小国あたりまでは普通に出かけた。

当時日帰り温泉がすごくはやっていて、佐賀県や福岡県あたりにも沢山できていた。朝倉の筑後川温泉や武雄《たけお》温泉、嬉野《うれしの》温泉。入っていない施設はないくらい、片っ端から制覇していった。

たまたま共通の趣味が「温泉」だったということだが、ドライブの道中では、お互いにぶつかっている課題についてや、学校の現状など、教育論を語り合える相手として、ありがたい存在であった。そこで、お互いにストレスを発散できていたのだろう。

一つ、あきれ果てたのは、最後の二年間の私の単身赴任中に、我が家の台所の断捨離が進んでいて、私が使っていた仕様では全くない、別の台所に変身していた。もう、どこに何があるのかが全く分からず、自宅での食事の準備に大いに戸惑ったことだ。

こと、台所に限らず、日常生活品の保管やタオルの仕様、ゴミの分別まで、全て彼の使いやすいように自分流を作り上げていた。日頃自宅にいないのだから文句も言えず、お任せにして「しゃもじはどこに入れてる?」と、私の方がやんわりと尋ねて、作業する。

三十年以上夫婦をやってきていても、お互いの持っている価値観や、物事に対する感覚はそう簡単に変えられるものではない。全く違う生活環境、家庭環境で育ってきたのだから仕方がない。なるべくお互いに文句を言わず、相手を尊重する方法で、単身赴任の十三年間をやり過ごしてきた。

昭和生まれの昭和育ちの男性には、こんな人は少ないのかもしれない。しかし、我々夫婦は、お互いの弱さや、欠点も理解しているつもりなので、やれたのではないか？　協力しあうとか、優しいからとかではなく、教育者として、当たり前のことを実生活でも実践してきて、こうなった。

特別に取り決めをしたり、責任を負わせたりするのではなく、必要だからやらざるを得ない、目の前におなかをすかせた我が子がいれば、なんとかご飯を食べさせてあげたい。保育所で寂しい気持ちで親を待ちくたびれている子どもがいれば、当然、時間ができた方が迎えに行く。当たり前のことを当たり前のごとく生活してきたことが、お互いの自立生活に繋がった。それは、可愛い子どもが二人もいたから。子どもたちに、生まれてきてくれてありがとう、と言いたい。子育ての苦しさを、楽しさを夫婦で共有できたからこそ、今がある。

高校時代に父親と二人で生活し、父の作った茶色だらけのお弁当を毎日食べてくれた娘。中学時代反抗期だったろうに、強烈な母親と向き合って、我慢してくれた息子。ありがとう。君たちのお陰で、我が家は大きく壊れることもなく、それぞれが幸せな道を探して、つかみ取って、羽ばたいていてくれた。

まあ、長いこと私のわがままに付き合わされて、今では何でもできる「主夫」に変身してくれた夫にありがとうと言いたい。

令和になってから多様性という意味の「ダイバーシティ」の考えが広まり、理念上では男女の役割にも差がなくなりつつある。また、平成に流行った「イクメン」という言葉もすっかり定着し、現代のママたちはイクメンになりそうな男性を結婚前から探しているようにも私には見える。

ただそれは、探して見つかるものでもなく、「生活して自分たちで育てていくものだ」ということを知って欲しい。

今回のこの作品のテーマとして、ずっと底に流れている価値は、男女がお互いの違いや価値を認め合って、共に生活していくことの大切さだった。

この十三年の単身赴任で私自身が学んだことは、無理をすると体が壊れる、ストレスはついて回るものだが、それに押しつぶされない強い精神力も必要だということ。

できないときには、できないと言う。できるときは骨身を惜しまずに生徒や保護者のために奔走する。どこかで誰かが見ていてくださって、支援をいただける。

「生徒の命を守るために校長になる」と決めてからの道のりは長かったが、良い経験をさせていただいた。時に宇宙人のような小学生と触れ合うことも勉強になった。地域に住んでいるからこそ得られる地域からの信頼も大きい。地域の方々からは沢山の励ましの言葉をいただいた。

家族がいっしょに生活することができればそれに越したことはないが、私のように子どもを置いて、主人を置いて赴任地に旅立つ女性もいても良いのではないかと思う。その中でお互いの必要性や大事さ、ありがたさを実感することができるようになる。

家族が離れて生活したからこそ、お互いの絆も深くなっていったのかもしれない。命に関わるような大きな事故や事件にならずに幸いだったと思う。

⑦トップになって見える風景

管理職を志してから長い年月が過ぎていたが、一つの組織の中でそこの「長」になるということはどんなことなのだろう？　これぱっかりはなってみないと分からない。小さな一学校の「長」ではあるが、そこはやはり我々は公立学校の教職員であるので、学校の上部には教育委員会があって、そのまた上部には行政の組織がある。単に一企業や一私立学校の「長」とは全く体質の違うものである。ある意味管理されているし、自由度は少ない。学校の中では一番の責任者であり、判断を下せる存在ではある。その、狭い世界での「長」なのでやれることは知れている。しかし、本当にそうだろうか。

そもそも、校長を目指した理由が「生徒の命を守るため」であった。そこは全く揺らいでないし、ぶれていない。基本、生徒の幸せ、保護者の幸せがファーストである。人の命を守ることができる。それだけでもすごいことなのに、人の人生に関われる、人の価値観に影響を与えられる、という意味ではとても尊い立場なのかもしれない。

たとえば、校内で何かトラブルが起きた、生徒の命に関わる問題だったとすると、校長のすばやく適切な判断が求められ、それで組織が動いていく。右か左か？　それを決定するのも自分しかいない。何を優先して指示を出すかで、全てがひっくり返ることだってある。

相手は人格を持った一人の生徒だ。そこを基軸に、今、まずどうしなければいけないか？　そんなことが日々、瞬時、求められている。

表に出てきた問題は捉えやすいし、対応しやすい。しかし、その奥に潜んでいる課題に気づくことができないことだってある。

前述の荒れた学校の問題も、目の前で暴れていることへの対応はしやすいが、その奥に隠れている課題にはなかなか解決の手を伸ばせない。あの頃は、「自分が校長なら、今、こう判断する」と考えていた。

今考えれば、彼らの内心に潜んでいた大人社会全体への反抗心や不信感、親や教師への反発、そして彼らの中で生まれ持って抱えていた発達障害のひとかけらなど、気づいてやることができなかった。まだまだ、若かったよな、と思う。

何かトラブルが起こったときには、冷静に、自分がそれまでに身につけた、研ぎ澄ましてきた感覚を信じ、判断するしか方法はない。結果は全て自分に返ってくるのだから。責任は全て自分が取る。これまで八年間校長職を担ってきたが、大きく後悔する判断はほとんどなかった。

「腹をくくる」という言葉があるが、まさにそうなのだ。結果が良くても悪くても全て受け入れる覚悟を持つこと。そうでないとこの職は務まらないし、やってはいけない。

小学校の校長に赴任していたときに、小学校二年生の女の子がなかなか学校に登校することができず、不登校ぎみだと担任が嘆いていた。

現状を聞いてみると家庭の事情のようで、朝からお母さんに起こしてもらえず遅刻する。それが嫌で来なくなるとのこと。小学二年生でこれだったら、「この子、不登校になって一生を棒に振るなあ」と実感した。

そこで私が取った策は、「毎日私が迎えに行く」ことだった。朝の時間の担任は超忙しい。しかも二年生だから目が離せない。暇なのは自分しかいない、と判断。

毎日自宅まで行って、玄関のドアを何度も叩いて、お母さんや児童を起こす。

数分したらお母さんが目をこすりながら出てきて「校長先生すみません、いま支度させますから」と言う。

「待っておきますから、ランドセルと着替えだけさせて出してください」と即答する。

数分したら本人が気恥ずかしそうに玄関から出てくる。私の車の後部座席に乗せて、途中でコンビニに寄っておにぎりとお茶を買ってきて、車の中で食べさせてやる。それから元気になって登校する。

これを約三ヶ月ほぼ毎日、続けた。登校時間になっても来ていないときには担任が知らせに来るので、すぐに車で走る。それを続けたら、だんだん自分から登校できるようになってきた。

お母さんが自覚して朝から起こして、送り出せるようになった。実際、母親は夜の仕事で自宅に帰るのが朝の五時頃。それから、うとうとと寝てしまうのだそうだ。

「とにかく子どもを送り出すまでは、貴方は寝ないでください。送り出してから寝てください」

と母親を指導。

その子も、今や中学生。元気に学校に通っているらしい。嬉しいことだ。

もう一つ事例を挙げるとすれば、校長だからできることにこんなことがあったのかと、自分でも感動することがあった。

小学校の校長先生から何度も相談を受けていて、今度入学する生徒に、本格的に支援学級措置を考えておられた児童がいた。しかし、保護者の方の納得が得られないとのこと。

六年生の秋の頃から授業参観をさせていただいたり、当時の担任の先生と面談をさせていただいたり、自校の支援学級担任にも授業参観に行ってもらったりして、観察・検討させていただいた。

私は「こんな小さな町内なので、小中連携教育を実践できないわけがない」と思い、中学校の実態も見学いただき、支援学級がどんな活動・学習を実践しているか、小学校の先生方にも何度か見学に来ていただいた。その上で熱心な説得をしていただき、保護者の心を動かされたようだった。

お母さんの決断の背景には「中学校の校長先生が以下、二つのことを認めてくださるなら、自分の子を支援学級に通わせても良いです」とのお返事だったらしい。

その二つのこととは、①朝の登校は自分の普通学級（親学級）の教室に入り鞄を置くこと。②社会科の授業は得意なので普通学級で受けさせて欲しい。

「了解しました、認めます」とお母さんにお返事した。校長のひと言が、判断が、その子の人生に大きく関わっていくと思うからだ。

四月からその子は「毎日、校長先生、学校が楽しいです」と挨拶してくれる。保護者の方も心から喜ばれ感謝された。私も責任者としてこの子の将来に責任を持たねばと支援し続けた。

聞くところによると、彼は見事に中学校を卒業し、高校にも進学できた。今はきちんとした社会人になっているらしい。本当に良かったなと思える。

もし、あのときに、私と小学校の校長先生が諦めて親を説得できなかったら、今の彼の人生は保証できなかったかもしれない。

⑧私のライフワークへの道のり

人生に目的を持って生きるって、とても大事なことのように思う。

六十を過ぎて、仕事もリタイアして、子育ても一段落してしまうと、皆さん何を目標に日々過ごされているのだろうか？

「目標なんて持たなくて良い、のんびり暮らせば良い、目標なんて持ったら自分を縛り付けてしまうから、俺は要らない」と主人は言う。私とは考え方も真逆で、うらやましいなあとも思う。

元来私は貧乏性で、何か目標がないと物足りないと感じてしまう。

そこで出会ったのが「若い女性教職員の育成活動」だった。

学校現場だって、若い女性の職員が意欲的に、建設的に学校運営に参画してくれたら、こんなにありがたいことはない。またそういう能力を備えた職員が女性には多い。

しかし、現実の荒波の中で彼女たちの意欲は削《そ》がれてしまい、「とりあえず自分の持ち分だけ文句を言われないようにこなしておけば良いか、頑張ったって何のメリットもないもの」と思わせてしまう。

いまや、長崎県内の小学校で七割、中学校で六割の数を占めている女性教職員。この人たちが頑張るか、頑張らないかで大きく長崎県の教育レベルは変わってくる。日々、彼女たちに働く意欲を持ってもらい、意欲的に活動してもらえば、学校は変わる。そう考えるからである。

女性に期待しないで、数少ない男性教員にだけ頼った学校運営をしていても、なんら大した進歩は見られない。沢山いる金の卵たちを生かして使おうと、どうして世の男性たちは考えないのだろうか？「どうせこの女性たちを頑張って育てても、いずれは自己都合で辞めてしまったり、第一線を退いたりするから、育てる価値がない」と考えられているのではないか？

確かに女性教員の中には楽な方に流れ、人の後から付いていった方が良いと考えている人もいるだろう。主任なんて、管理職なんて、そんなきついことはしたくない。そこそこで働いて給料をもらえれば良い、と逃げてしまう人もいるかもしれない。

しかしそんな女性ばかりでもない、と私は思っている。

現に私のように、男性職員には負けたくないし、使われたくもない。自分がリーダーになって、思うような学校経営がしたいと考える女性も中にはいるはずだ。そういうお宝を探し出したくて、女性教員の育成活動をやっている。

退職女性管理職の会が母体だが、本当の意味で真剣に活動されている「西彼《せいひ》・西海《さいかい》なみち会」の先輩方に出会い、これはやるだけの価値があるなと考えた。立ち上げは四年前、地域の先輩方であるH元小学校校長、U元小学校校長両先生方に出会い誘われ、自分からのめり込んでいった。長崎県下でも率先的に牽引され、成果も上がってきている。

この研修会は月に一回、第一土曜日。午後から約二時間。

県内外から顕著な講師陣を招聘して、リアルタイムでの学校教育の課題について追求して学べる研修会にもなっている。当然、退職女性管理職の先生方からの講演や、現職の校長・教頭先生からの講話やアドバイスなど。即現場で役に立つ本音の話が聞けて、多くの研修員の先生方から、好評をいただいている。

今すぐに管理職になりたいと思っている四十代・五十代の先生方だけでなくて「いずれ将来管理職になっても良いかな?」「少し興味があるな」という三十代の若い先生方を中心に会員の募集をしている。

まずは、各教育委員会の教育長先生方を訪問してご理解いただき、校長会等で紹介いただき、各学校の校長先生を通じて推薦していただく形にしている。もちろん、主体的に入りたいという人も歓迎だ。

また、私みたいに事務局に携わっている者たちが、「この先生を是非《ぜひ》欲しい」と思う方に個別に声をかけて誘ったりもしている。さすが知り合いの元校長から誘われれば断りにくいのか、入って勉強してみますと言ってくれる。これはご縁が繋ぐ関係だ。最近になると教え子たちがその候補に上がってくるし、当然元同僚や元部下職員も多い。

毎年二十人以上の会員が集まり、会場がいっぱいになって混雑することもある。最近はコロナ禍で人数制限して対応したり、工夫しながら進めている。

私たちのこの研修会を踏み台に、教頭試験を突破して、四月から現場の教頭になっていく先生方も数人。やはり嬉しいものである。

試験の突破方法も学習するが、それよりも大事にしているのは「女性職員の意識改革」である。「このままでもいいや」と思っていた人が「このままでは良くない、変わらないと」と思ってくれるようになること。そうならないと、役に立つ教頭にはなれない。試験だけ突破しても、中身が伴わないとうまくいくわけがない。意識が変われば、勉強にも身が入る。

彼女たちの感想をアンケートで聞いてみると、

・これまで学べなかったことが、ここでは学べる、毎回楽しい。

・先輩たちの素晴らしさを身近に感じることができるし、同時に、同輩の皆さんと仲良くなって、同じ悩みを共有し合えることが楽しい。縦の繋がりだけではなく横の繋がりができたことが嬉しい。

・学校での講演会では聞けないような話がいっぱい聞ける。

・学校全体を組織で見る視点が分かって、自分のやるべきことが分かってきた。校長先生、教頭先生の日頃のご苦労が理解できるようになった。

本来我々が狙っている通りの思いが、アンケートに表れている。

ここ三年間この研修会に携わってみて、日々、十分なやりがいを感じることができる。完全なるボランティアなので、好きじゃないとやれない。毎月の研修会を開催するために事務局会を開催し入念に計画をしていく。今年は私も昇格して事務局長を仰せつかっている。七十代後半の大先輩方と、若い先生方を繋いでいくちょうど大事な年齢であることを自覚し、やらせてもらっている。

この活動を自分のライフワークにしようと思った大きな理由は、自分が管理職を目指したときにこんな組織や活動はなかったし、援助してやろうなんていう先輩には誰にも出会わなかったからである。

存在していたのは、行政が計画して推進されていた研究会のみだった。その会にはほとんど女性の職員はいなかったし、まず、自校の校長からの推薦が上がらなかった。ほとんど普通の男性教員ばかり。

長崎市に在籍していた頃、最後の一年だけ、校長先生が推薦してくださって通うことができた。自分で学びたくても学ぶ環境が整っていなかった、というのが本音だ。だから気軽に通える、こんな女性だけの研修会は存在意味があるのではないかと考えた。

管理職の世界も、人が人を選ぶ流れで、強い人脈がないと合格は難しい。自校の校長先生や教育委員会にアピールできる力がないと、認めてもらえない部分もある。それは当然のことで、どこの誰かも知らない人を教頭にあげるかと言われれば、やはり難しい。日頃の業務の中で力を付けて、研究主任や教務主任などを歴任すれば、自然と名前も覚えてもらえる。

私たちの研究会も校長推薦を基本にしているが、それだけではなく、本人の希望や友人からの推薦なども受け付け、広く門戸を開いている。勉強したい人は誰でもウェルカムである。

私自身は元々、学閥もないし、人脈もない。しかも旦那は先に管理職になり名前も知られている。

夫婦での管理職が存在できなかった以前の考えからいけば、私は、必然的に候補から削除されるリスクを抱えていた。多くのリスクから這い上がり、認めていただくまでには多大な時間と努力が必要だった。

私の同輩たち、特に配偶者が管理職という女性たちは、初めから管理職を目指そうなど、全く考えもしなかった。私にはごく親しい女性教員が二人いたが、お二人とも旦那さんが校長で環境が私と似通っていたが、初めから私みたいな考えは持とうという気持ちはなかった。ただ、私には、「あなたは頑張って校長になって、応援してるから」と、励ましてもらってはいた。

私のライフワークは、そんな自分の経験から、後に続く女性教員のために、自分にできることをやっていきたい、という思いから出たものだった。

実は毎年実績を上げていて、とても嬉しい限りだ。二次面接の練習など、工夫して実践にたどり着いている。なにより、本人の意識が高まってやる気になっていることが一番だ。

研修会の会場はいつも和やかな雰囲気で、先輩方と話が弾んだり、ときには同輩たちと職場の悩みを話し合ったりで、共有感に溢れている。

実際、会の運営を担って司会も毎回させていただいているが、年々パワーアップしてきているのを感じる。

彼女たちは研修を重ねるに従って、自ずと自信が付いてきて、熱気が高まっているのではないかと感じる。本来我々が意図している「意識改革」ができてきていると実感する。このまま順調に進めば、小学校の女性管理職の比率数値は確実に上がってくるだろうと確信している。

でも、一つ残念なのは、中学校の女性職員を生かしきれていないことだ。研修員になって学んでみたいと考える中学校の女性職員はほぼゼロ。今年は、昨年から私が引っ張ってきた研修員が一人いるのみ。後は全て小学校の先生方だ。

行政の方もこれには頭を抱えられているようで、中学校は、まず、行政に引っ張って、経験を積んでもらってから、現場に教頭で出てもらう。そんな形ばっかりである。

その方法が悪いわけではないが、やはり主体的に女性教員が手を上げられる環境整備が必要だと思う。今の中学校現場にはそんな風土(女性であっても管理職ができるのだという考え方)が全く育っていない。よって、今のところそれしか方法がないようだ。

これには私も頭が痛い。後輩が育たない。中学校現場はやはり、生徒指導や部活動など、困難が山積みだから仕方ないのか？と思うが、このままでは現場から立ち上がってくる中学校の女性管理職は絶滅すると危惧している。

大きな課題は、風土を変える、「中学校に、女性校長でもやれる」という風を吹き込むことが大事だと思う。私はそのために、最後まで「中学校の校長」にこだわってやってきたが、絶対的に数が少ない。吹けば飛ぶような人数しか存在しない。特に私のように、現場から立ち上がってきた人は、ほとんどいない。寂しい限りである。

まずは行政から、そしていずれは現場から立ち上がる人材が増えてくれるのを望む。決して不可能ではないのだから。

現実はとても厳しいが、これにめげずに、地道に活動していきたいと思う。そして、この精神を受け継いでくれる後輩を沢山育てていきたい。

第三章　人生後半の幸福術

① 六十過ぎてからも女友達は最高

六十過ぎの女性の友達人生

女性の人生の中で、六十歳を過ぎてからの生き方は、人それぞれで面白い。

1．私のように六十歳まで仕事一筋でやってきた女性は、物足りなさや、寂しさなどひどく感じることもなくとにかくその日暮らしで、張り詰めた生活をしてきているのだろうと、勝手に思っている。そんな中でも職場関係の友人や、昔ながらの友達とも付き合いながら、気持ちを共有したり、愚痴を言い合ったり、わずかな時間を見つけて会ったりと、努力を重ねてきた。やはり友達はなくてはならない存在だと思う。

2．しかし、主婦業が中心で生きてきた人たちは、社会との繋がりを求めて、進んでお友達を作ってきているのではないだろうか？　それはとても素晴らしいことで、ある意味、うらやましくもある。子どもの幼稚園や小学校などのママ友。中学生になれば、部活動での保護者会や学級での繋がりで、役員友。自分の学生時代からの親友や友人。そしてもっと言えば、地域の役員や自治会の繋がりなど、しっかり付き合っている人もいるはずだ。どうして女性はこんなに友達を大事にして、繋がっていようとするのだろうか？　群れを作って、いつも誰かと、何人かの仲間と一緒にいる女性も時に見かける。
トイレに行くのも一緒、買い物に行くのも一緒など……。

3．仕事人間で生きてきた私には、仕事関係の友しかいない。以前の職場で一緒だった人、それがきっかけで、仲良くなり、助け合い、飲みに行ったり、愚痴を聞いてもらったり。主に仕事の話で盛り上がるが、時にはプライベートな話にもなる。気が合う人とは、異常に仲良くなって、自宅に泊まったりすることもある。家族ぐるみの付き合いをすることもある。
面白いことに、現在の職場や、近年の職場の友より、二十年、三十年も前の出会いから、六十歳まで付き合いが続いている。そんな付き合い方だ。

4．基本的に私は、人と群れることが嫌いだ。なんとか人に合わせて付き合っていくよりも、一人でいた方が気が楽だからだ。自分のことは自分一人で決める。難しいことは友人に意見を聞くこともあるが、最終的には自分の意見を大事にする。人に流されるということは、ほとんどない。

5．最近、新しく始めて繋がっているのが、フェイスブックの友達だ。
メンバーは、昔ながらの友人から、元職場の部下の先生、はたまた、教え子たち。意外に多いのが教え子たちだ、ざっと十人ぐらいはいる。彼らも今では四十歳を超えていて、世の中では働き盛り、子育て盛りといわれる年齢。その子たちと今では対等に一人の大人同士として会話が成り立つ。ときには昔話に花が咲いたり、年上の私を励ましてくれたり、中には相談を持ちかけてくれたり、面白いものだなと感じる。彼らとは、ＬＩＮＥで繋がって、フェイスブックでも繋がるというパターンが多い。これが意外に楽しいもので、よく連絡をくれる子は、いつも会っているかのような身近な存在になった。教え子と友達っていうのもおかしな話だが、時として私の心のオアシスになっている。

6．もう一つ大事なのが、小学校・中学校・高校・大学時代の友人たちだ。

幼なじみといえる友達はそんなに大勢はいないが、小・中・高と一緒だった友人が大人になってもすぐ近くの街に住んでいて、いつでも連絡が取りやすく、たまに会ってしゃべっている。幼い頃からお互いに知っているので、家庭的なことも分かるし、悩みも共有できる。彼女は生活環境が今でもそんなにかけ離れてはいないので、ご自宅に招かれることもある。彼女は主婦で、奥さん業を続けてきた。研ぎ澄まされた主婦の眼を持っているのでいつも私は頼りにしている。手作りのジャムをいつも分けてもらう。ありがたい、心許せる存在だ。

高校時代の友人たちとも面白い繋がり方をしていて、大人になってから「大人の修学旅行」を復活させた。男女混合で、仲良し。京都や東京、そして前回は鹿児島旅行を計画し、実行した。中でも女子が少ないクラスだったので、女子同士も仲が良く、「博多女子会」を毎年開いていた。

もう一つ最後は大学時代の友人。やはり部活動での絆は大きい。合唱部に所属し、部長まで務めていたので、大学の四年間は合唱三昧の生活だった。同期は七人だったが、先輩方、後輩たちを入れると、二十人足らずは一同に集まることができる。地元が下関なので、「合唱同窓会」を退職後に計画して実践した。卒業して四十年が過ぎていたが、懐かしさが蘇り、昔のまんまの繋がり。これも、みんなでＬＩＮＥグループを作り、時々情報発信をしている、貴重な友達だ。

そう考えたら、けっこう沢山友達いるじゃないか？　と自分でも思う。

衝撃の大親友の死

そんな私に、非常に衝撃的なことが突然に起こった。

あってはならない「一番の親友の突然の死」が現実になってしまったのだ。

マンションでの一人暮らしの彼女からは、「私に三日間連絡が取れなかったら部屋に入って確認してね」と、マンションの鍵を預かっていた。それほどの信頼し合える三十年来の親友。

人とは群れない私だが、彼女から誘われるとつい乗ってしまう。温泉に行ったり、ドライブしたり、飲みに行ったり。お互いに離島育ちで、一歳違い。同じような環境で育ち、似たような価値観を持っていた。どちらも父親が地元で地方議員を務めていたことも共通している。共に本家の長男だったので、親戚や地域の人たちが集まっては宴会を開き、にぎやかでお酒飲みの家庭でもあった。

違っていたのは、私は既婚者子持ちで、彼女は独身。また教員になった理由も少し異なっている。

私はお金に困る生活をしたくないから、教員になった。彼女は三十五年間、正規の教員としてではなく、ずっと期限付きの養護教諭を務めていた。正規の教員になってしまったら地元に配置されると思い込んでいたようだった。どちらかというと、長崎の街で働きたいと考えていたようだった。私なんか、地元に帰りたくても帰れない、入れない。私の出身地（壱岐）は地元出身の教員が多くて、入り込む隙もなかった。

彼女と私は、生徒に当たる姿勢や、教員としてのあり方など、よく話をしたが、感覚的にはよく似ていた。

特別支援教育のあり方や、生徒指導の関わり方など、ほぼ同じだ。問題行動のある生徒への関わり方、とことん話を聞いてやるが、怒るときには怒る。愛情に満ちた対応をするから生徒はよく分かっていた。ヤンキーの子どもたちに自分から近寄っていく。ほうっておけないのだ。そんなところもよく似ていた。

鍵を預かっているほどだから、よく彼女の自宅マンションにも行った。ときには泊まって朝帰りしたりの仲良しだった。休みになると、今日は何をしてるの?と声をかけてくれる。誘ってくれる。遠慮や気兼ねのいらない、付き合いやすい、大事な存在だった。

五年前の一月の大雪の日、寒さと交通障害に警戒が呼びかけられるなか、彼女は長崎駅の前のバス停で何時間もバスを待っていたそうだ。それで翌日私は「仕事には行かないで良いからね、自宅待機しとかんね」と話したところだった。

それから三連休。雪はまだ路面に残っていて、寒い日が続いていた。

一日目にＬＩＮＥをしてみたが、珍しく返信がない。何をしているのか？　結構忙しい人だから走り回ってるのかな?と思っていた。

さすがに三日目、連絡ちょうだい、と送ってみるが、返事がない。

「生きてるね？　返事がないけど」とまた送った。

週明けの月曜日に、よっぽどマンションに寄ってみようかなと思って横を通ったが、今日は月曜日だから学校に行ってるよね、と自分に言い聞かせ、寄らなかった。

その日の午後三時頃、全く別の、養護教諭の友達が、

「M先生のこと知ってる？ 亡くなったのよ」と知らせてくれた。私はなんのことか意味が分からず、「連絡がないからおかしいなと思ってたんだけど」と答えるのがやっとだった。

彼女の死を受け止められず

それから私のパニックが始まった。今、彼女はどんな状態か？ とにかくマンションに行ってみようと思うが、お兄さんが来られて対応されているとのこと、行って邪魔になっても申し訳ないし、でも、いてもたってもいられないし？

独り言を言いながら、なんで、なんでと自問自答。

そうこうしていると、もう一度知り合いから連絡があり、警察などが入っているからマンションには近づけないこと、また、その日の六時から、仮通夜を開かれるということで、斎場に行くことにした。主人も彼女に世話になっていたので、自分も行くと言うから、一緒に斎場に行った。

仮通夜

彼女の遺体はこぢんまりした和室に寝かせてあった。お母さんも来られていた。数人の親戚の方が、喪服で対応されていた。ご霊前を供え、ご遺体と対面した。

彼女は息が絶える前にやや苦しんだのか、痛かったのか、ちょっときつい顔をしていた。目の上のほうが、黒いあざになっていた。きっと倒れた時の傷だろう。横たわった彼女は、あの元気で明るい面影はなく、別人のようだった。いつ、倒れたのか？　何時ごろ倒れたのか？

お兄さんの話によると、お風呂に入る直前だったようで、脱衣場で倒れていたとのこと。シャワーが流れっぱなしになっていたので、浴室を温めていたのかもしれないのだが、脱衣所の寒さに急性心筋梗塞を発症したような状態だったそうだ。

彼女は血圧にも十分気を付けていたし、人の体調も気にかけ、いろいろと注意もしてくれていた。そんな彼女だから、自分の健康に無頓着だったはずがない。この土曜日には、面倒を見ていたおばさんの施設に、お見舞いに行っているし、お母さんとも電話で話していて、具合が悪そうな様子はなかった。しかし、ここ数日の大雪と寒さで、血圧があがっていたのだろうか。

私のＬＩＮＥは見ていたはずなのに、なんで既読がつかなかったのか？　お母さんの話から、スマホの状態が良くなくて、携帯ショップで見てもらっていたらしい、だから、私へのＬＩＮＥが通じなかったのかもしれない。

最後の初詣

三日間連絡が取れなかったから、よっぽど家を訪ねようかと思ったのに、ある意味、行かなくて良かったのかもしれない。最後の私への彼女の心遣いだったのだろうか？

もし万が一、私がマンションを訪れて、倒れている彼女を発見してしまっていたら、その後私も、まともではいられなかっただろう。うつ病を発症したかもしれないし、警察へ連絡したりと、事件性も疑われたかもしれない。

今、こうして普通に生活できているのも、自分で発見しなかったから、救われたのかもしれない。


毎年お正月になったら二人で参拝に行っていた祐徳稲荷《ゆうとくいなり》さんに今年も行こうと約束していた。彼女は実家に帰ったりしていて、私も娘が帰省してきていたので、なかなかスケジュールが合わず、六日にやっと出かけた。

いつものように彼女の車でドライブ気分で出かけた。三が日を過ぎていたのでそんなに人は多くなく、車もすぐに置けた。二人で参拝し、おみくじを引いた。今年は、彼女は、大吉が出たと喜んでいた。

私のおみくじは、末吉であまり良くなかった。彼女がうらやましいと思っていた。

その日は帰りが少し遅くなったので、夕食を食べて帰ろうとなった。

地元の近くのお店に入り、二人ともがっつり、とんかつをいただいた。ゆっくり話をして、家の近くまで送ってもらって、別れた。

それが永遠の別れになろうとは、かけらも思わず、また一緒に仲良く過ごせるものと信じて別れた。

それからほんの数日後。彼女は帰らぬ人になってしまった。

二月くらいの落ち着いた頃に、私が一人で、彼女の還暦祝いをしてやる約束をしていたのに。

職場の還暦祝いはお断りをした、と言っていた。一年だけの付き合いの先生方なのに申し訳ないとも言っていた。結局、誰にもお祝いしてもらっていなかったので、私が一人でしてあげる約束をしていたのだ。

仮通夜から五島へ

仮通夜の夜、しばらくそばにいて、別れを惜しんだ。

明日には、五島の実家に連れて帰るとのこと。

五島で火葬もし、お葬式もされるという。

明日の昼のフェリーに乗せるとのことだったので、その日は帰った。

彼女は五島の学校に勤めたくないがために、本採用にならないまま過ごした。「このままずっと長崎にいるんだ」と言っていたのに、最後はやはりお母さんやお兄さんのいる、五島に帰ってしまうしか方法はなかった。まだ親族や母親はお元気でおられるので、帰ることができる。ありがたいことだと思う。

六十歳足らずで自分の最期など誰も本気で考えはしないが、彼女もまた、自分は長崎で生きるのだという思いで懸命に頑張ってきたことだろう。だからこそ自分でマンションも購入して、老後の生活をいかにするかを考えていた。

年金だって、そのために必死で払ってきていたのに、一銭ももらうことなく逝ってしまった。彼女が長年かけてきた年金は家族の誰にも還元されることもなく、不条理だと思う。独身者だから、親や兄弟に遺族年金としていかないというのも、矛盾している。既婚者だと、配偶者に行くのに。

人間は自分の最期を決められない、定められた運命に従うしかない。

私の親友は最後には生まれ故郷の離島に帰っていった。

私も島の生まれだからいつかは帰ってみたいと思う。

父や母が眠る故郷への郷愁もある。今のところ、それは叶わぬ願いだ。

彼女がフェリーで五島に帰るのを見送ろうと思い、大波止の波止場に出かけた。

お母さんや、お兄さん、おじさんなど、数人の親戚の方々に付き添われて、ご遺体はトラックとともに船に乗った。

「わざわざお見送りありがとうございます」とお母さんに感謝されたが、私はただいてもたってもいられず、出かけてきたのだ。

フェリーの汽笛とともに、静かに船は流れるように進んでいく。

「さようなら、さようなら育ちゃん、ありがとう」それしか言えない。

やっぱり五島に帰るんだね、お疲れ様でした。

これまで一人で長崎でよく頑張ったよねと、褒めてあげたい。

白く美しいフェリーは、小さな影となって消えていった。

寂しさが、突然私の胸にこみあげ、悲しみの涙が流れた。

いつのときも船の別れは寂しいものだが、親友に永遠《とわ》の別れを告げる今回は特別だ。

お葬式

次の日がお葬式だということでぜひ参列したく、ジェットホイルに飛び乗った。昔からの同僚で、彼女をお姉さんと慕って付き合ってきた、S教諭といっしょに行った。

私も喪失感は半端でないが、きっとS教諭も同じように大きな喪失感に押し潰されそうになっているのではないか？　想像がつく。

その先生は独身時代からの仲間で、結婚しても出産しても彼女を「姉さん」と頼って生活していた。S教諭も旦那さんが海外にいて、ほぼ独身のような生活をしていた。一番身近に頼りにできる存在が、今回亡くなってしまった育ちゃんだ。

思い起こせば私たち三人は、それぞれの立場で、同じ学校に勤務していた。

育ちゃんは短期の期限付き養護教諭として、S教諭も当時は期限付き英語教諭として勤めていた。私は二人目の子を出産して、育児休業後の復帰直後の国語教師だ。

なぜかお互いに気が合い、食事をしたり、子ども連れで遊びに出かけたり、楽しい時代だった。

上五島《かみごとう》の青方《あおかた》という地域に行かなくてはならない。ジェットホイルが着くのは、青方から離れた港だったので、私の大学の後輩が上五島にいるので連絡したら、お迎えに行きますとのことで、甘えさせてもらった。後輩の旦那様が車で迎えに来てくださった。

出棺はすでに終わり、みなさん火葬場に行かれているということで、直接火葬場に車を走らせていただいた。

火葬場に着いて中に入ってみると、ご親戚の方々が火葬の終わるのを待たれていた。私の実家もそうだが、出棺が先で、火葬をして、本葬に入る。遺骨になった姿でお葬式をする。だからなんとか、火葬場に駆け付けたかったのだ。

皆さんとご挨拶をしたり、食事を勧められたりして、時間を過ごした。

いよいよ、火葬が終了し、お棺が出てきて、そこに骨になっている彼女を目の当たりにした私は、ぽろぽろと流れ落ちる涙を止められず、その瞬間、本当に「死んじゃったんだ」と実感した。こんな姿になって……。

親戚の方々に続き、お骨上げをさせてもらった。

「育ちゃんこんなになってしまって」

人間の死を、目の当たりに実感した瞬間だった。

彼女の死を悲しみという形で受け止められたのは、この瞬間だった。

慟哭《どうこく》、まさにそんな悲しみ。

それから、お葬式、お墓へのお参りなど、淡々とできた。

帰りのジェットホイルの時間もあるので、タクシーを呼んでいただいて波止場まで帰った。

嘘のような、本当のような、まだまだ実感のない現実。

さて、私は明日からどんなふうにして生きていけばいいのか？

それからの私

私は定年退職しての一年目。とにかく時間を自由に使って、それまでやれなかったことをやっていた最中だった。次の四月からの仕事も決めていて、初任者の指導することに希望を持っていた。そんな一月の十七日、大親友の育ちゃんは逝った。それから私はどんなふうに過ごしていたのか記憶にない。

いつもやっていたのは、彼女のマンションの下を通るとき、いつも「育ちゃん」と声をかけ、拝んでいた。毎日、毎日、拝まなかった日はないだろう。独り言が増えた。気が付くといつも育ちゃんに話しかけている自分がいる。

天に向かって、今頃どのあたりにいるの？って聞いている。すぐそばにいるのかもしれないし、天の遠い上の上に昇天して、下界など見下ろしていないのかもしれない。

亡くなった後の世界があるとは思わないが、魂はあるのではないかと考える。それは生きている者の勝手な想像だが、そうあって欲しい。そんなあるのかないのかも分からない魂に向かって呼びかけていた。

梅の季節になれば、彼女は梅が好きだったので実家の仏様に供えてもらおうと、日田市の大山《おおやま》まで出かけて梅菓子を買って五島に送ったり、桜の季節になれば、彼女が教えてくれた多良見《たらみ》街道の桜の名所に出かけてみたりと、二ヶ月しても、三ヶ月しても、思い出を追いかける生活を続けている自分がいる。

土日になるとよく声をかけてくれて、ドライブにでかけた。何もしない休日はないくらいに、何度も何度も誘ってくれた。それが身についていた私は、金曜日くらいになると、育ちゃんからの誘いがないのが、妙に寂しい。「育ちゃんがいたらなあ」と思うことが増えた。

いつになったら、その思いが薄れていくのだろうか？

半年経った頃に、やっぱり、六十歳過ぎても女友達は大事だよなあと考えるようになった。いや、逆に六十歳過ぎたからこそ、女友達が必要なのだ。旦那や子どもたちがいてもなお、癒やされないものがある。それは、気の置けないおしゃべりや、なんとはない情報の共有、世間話、ときには仕事上のストレスや愚痴など、同業者だからこそ分かり合える思いがある。

ことに彼女とは島育ちの似たような境遇で価値観もよく似ていた。立場は違っていても二人のときは、関係は平等で、上下関係はない。私の立場も理解してくれるし、彼女の置かれている立場も痛いほどよく分かっていた。

感謝と別れ

二人でよく、飲み明かしていた頃は、恋愛話に花が咲いた。

彼女は独身だったが、それなりに恋愛の経験はあった。

もともと彼女は結婚願望があっただけに、結婚までうまくいかなかったことがとても残念だった。もし彼女がうまく結婚にこぎ着けたら、今のマンションを私に安値で譲ってくれるという口約束までしていたのに。残念。

そんなこんなで、私も子育ての相談や家庭の愚痴などいっぱい聞いてもらった。

家庭内のいざこざに第三者が入り込んでくれることで、どれだけ助かったことか。ありがたかった。あげくに私自身が、病気を発症してしまい、温泉宿で動けなくなってしまったときも、持病のバセドウ病が再発したことも理解してくれて、彼女は私の病気のことも熟知していたので、とにかくゆっくり寝ていなさい、と言われ助けてもらった。感謝してもしきれないほどの思いだ。

家族同然の付き合いを三十年続けてきた女友達、亡くすと、非常につらい。

育ちゃんとのエピソード　かゆいところに手が届く、そんな存在

相手が何を思っているのか、悩んでいるのかを察知して、やんわり心に入り込める、カウンセリングマインドを身につけた友人。とにかく人のために、自分の労力を惜しまずに支援できる人。シェルターで生活している人のために、古着を集めて持って行ってあげる。親戚のおばさんたちの面倒をとことん見る。


細かい手作業が好きで、暇なときには手芸にはまっていた。

手編みの籠は、お上手で、私にもプレゼントしてくれた。

編み物や、縫い物も得意で、暇を見つけてはやっていた。

同時に、読書も大好きで、図書館からせっせと本を借りてきて、読破していた。

単身赴任で住宅を替わることが多く、西彼に二回、その都度引っ越しを手伝ってくれた。手伝ったというよりも、主体的に実施してくれた。私が教頭で出たとき、それから自宅に帰るとき、また、校長で出たとき、最後退職で自宅に帰るとき。

私自身管理職で、引っ越しの準備や片付け、掃除などゆっくりできないことが多かった。それを見越して、一日がかりで出かけてきて、私の留守中もやってくれた。安心して任せられる存在だったから、今の私があるのかもしれない。ありがたいことだった。

小値賀島への訪問

私が新任校長で小値賀島に赴任したとき、一度は来てみたいと、わざわざ小値賀に来てくれたことがあった。ちょうど、冬休みで五島に帰省していた後、船で小値賀にやってきた。私の住宅に二泊くらいしたのかな。小値賀の名所といわれる様々な場所に、私のポンコツの軽自動車で案内した。

美しい島の海には彼女も慣れているだろうが、小値賀島は特別だ。忘れられた昭和が島の至る所に残っている。町並みや、人の温かさなど。

彼女も小値賀の美しい景色に感動して帰っていった。

友達を亡くしてからの私の生活　心の隙間にいつも鎮座する育ちゃん

四月からは新しい仕事に取り組んだので、少し気持ちは紛れたのかもしれない。

それでも週に四日間の休日の過ごし方が、とてもつらく、物足りないものになった。

基本的には主人と出かけたり、一人で映画を見に行ったり、温泉に行ったり、気持ちを紛らわして生活した。彼女がいなくなってからは、初盆には、五島にお参りに行った。五島に行くと、お母さんが待っていてくださって、応対してくださった。仏様にお参りして、挨拶をした。

甥っ子になる青年が、車を出してくれて、五島の観光を少しさせてくれた。最後に五島うどんをごちそうしてくださった。

娘を亡くして半年、お母さんはやっぱり、寂しい思いをされているようだった。

「わざわざお参りに来てくれてありがとう」とお礼を言っていただいた。

初盆を迎えるのに、まだまだ亡くなったことが非現実的でなんとも言えない。やっぱりいないんだね？としょんぼりする。

季節が巡るたびに、育ちゃんとの思い出も巡ってくる。あのときここに行ったなあ、あのときこんなことをしたよね、など、改めて考えると、どれだけ長く一緒にいたことか？　一緒にいた時間に感謝である。

仕事に邁進、娘、息子の家族のために時間を費やす

新しい仕事も本格的になり、やりがいや課題も見つかる。楽しみながらやれたのは助かった。娘の結婚への準備や、嫁の第二子妊娠によるつわりのひどさで、孫の世話をしに横浜に行ったりと多忙な時間を過ごした。

心の隙間は、空いているだけ、誰も埋めてはくれない。当然だ。

この頃、六十過ぎてもやっぱり、大切なのは女友達だなあ、とつくづく思う。育ちゃんに呼

びかける回数は少しずつ減ってはきている。それでいいのか?と問いかけるが、時間が解決してくれるしか方法はない。

さて、皆さんは六十歳過ぎて、どのようにして気持ちのバランスを取っていますか?

いくつになっても一人は寂しい。でも私は、群れることは嫌いで、よく一人で旅に出たり、今回も一人でのクルーズ旅だ。一人は自由で、人に気を遣わなくていい。誰の指図も受けなくて済む。のびのび生きられる。

でも、人間というものは、人と人の間に生きていくべきもの。社会的な存在だ。

家族がいるではないか、と皆言う。私は親を早くに、現職中に一気に亡くしてしまい、何の親孝行もできないまま後悔が残る。孝行したいときに親は無し。まさにそうだ。

兄弟は二人いるが、遠く離れた離島にいる。年に何回か会うくらいだ。しかし最近はコロナ禍で四年近く会えていない。親が亡くなってからはやはり、実家には縁遠くなる。

十八歳から一人、島を出て、学生時代を生き、すぐに、へんぴな離島へ就職。ふるさとには一度も帰ることなく、他の地域で教師をした。

結婚した相手は長崎市内の人で、近くに知り合いも、頼る人もいなかった。

そんな中、仲良くなったのが、育ちゃんだった。

元々私は、天涯孤独の人生を歩むようになっていたのかもしれないが、幸いにも二人の子を授かり、子育てに必死になった。

子どもを育てている間は親の責任をいっぱいに感じ、余裕がなかった。二人の子どもを一人前に、立派に自立できる人間に育てるのが親の責務。そう信じて、精一杯の努力を続けた。二人の子も、大学、大学院を卒業し、社会人になり、結婚をし、家庭を持った。喜ばしいことであった。親としての責任を果たした、という満足感。安心感。達成感。

②やりたいことをやる、やりたいことをやれる幸せ

いくつになっても、やりたいことがあるって、幸せなことだと思う。

人生後半になって、仕事は完全にリタイアして、さて、今から何をしようか?と考えたときに、まず皆さんが思うのは、行ったことがない所に旅行したい、自由にのんびり暮らしたい、これまでやれなかった、習い事がしたい、健康維持のために、スポーツジムに通いたいなどだろうか。

私はこの五年間で、途中二年間だけ仕事をした。一つ目は、校長退職して全て学校との関係を絶って、やりたいことをやる、と決めて一年間遊んでいた。日本列島桜前線を追いかける旅から始めて、未経験だった海外旅行、孫たちに会いに大阪や横浜旅。

ことに思い出深いのは、兄弟夫婦での山陰旅。旅程は我々夫婦で計画し、壱岐に住んでいる姉、兄夫婦を呼んで、合計五名で岡山、鳥取、島根を巡る山陰旅をした。元気で、できるときにやらないと、と決断。十一月の気候の良いときだった。

大学を卒業して三十八年、懐かしい学生時代を思い起こすための同窓会旅も実施した。この

一年間で、自宅を空けて旅をしたのが、合計二十六回。一人旅もある。飛鳥Ⅱのクルーズ旅もした。贅沢三昧だった。

やりたいことをとことんやると、やはりまだ、自分の社会的な存在としての価値観がゼロになるのが寂しくて、もう一回だけやるとしたら「初任者研修」の指導者になること。そうすれば、少しは世の中のためにもなるかな？と奮い立ち、二年目は学校に戻った。

「初任者研修」はやりがいもあり、楽しかった。若い先生方と触れ合いながら、ときには教え子を諭すような気持ちで取り組んだこともある。我が子よりも若い先生方、こちらが考えさせられることも多々あり、とても楽しい勤務だった。

しかし、週に三回とはいえ、絶対に休めない、穴を開けられない研修なので、自分の健康管理や生活管理など、制限も当然かかってくる。時間に縛られる生き方をしたくないから完全退職したんだったのに、と自分でも反省。

特に右膝を痛めたときがとても辛かった。階段が上れない、立っていられないなど、足を痛めて整形外科に二年近く通って、ヒアルロン酸注射を何度かして、膝に溜まった水を抜く注射を二回してもらった。

やはり、健康でないと責任のある仕事は無理だな、と自覚。継続して次年度もと、校長先生にお願いされたが、お断りをさせていただいた。

自分ではやりたい、と思って飛び込んだ世界だったが、健康との相談必要。

退職三年目は娘の結婚式が控えていたので、その準備や連絡などで充実して過ごした。新しい親戚も増え、義理の息子のご両親と子どもたちと六人で、温泉旅行をプレゼントしてもらっていたので、有馬温泉旅や、兵庫県の観光巡りなど、楽しいことばかりだった。

人生後半の幸福術としては、子どもが結婚し、親戚が増え、孫が産まれる。そして孫たちが成長していく。これが最高の幸せだと実感する。

二回目の仕事は、知り合いの先輩先生から頼まれて「やってみるか？」というくらいの思いでお話を受けた。これまで全く経験のない「福祉関係」の仕事だった。

学校以外は全く知らない無知な社会人なので、いろんなことが新鮮だった。教育と福祉は連携しているところもあり､学校とも全く無関係ではなかった。自分の力量を生かせる内容もあった。

そこは女性ばかりの五人の職場で、この人間関係で学ぶことも多かった。年齢も様々、八十を過ぎても頑張られている方もいて、私たち若造がこれしきのことで、きついなんて言っていられないなと、考えさせられた。

女性ばかりの職場で年齢は様々、私はちょうど真ん中。下は大学を卒業したばかりのお嬢さんもいる。

私自身、学校では職場環境をとても大事に考えていたので、人間関係にはとても気を配るくせが付いている。誰か一人でも苦しい思いをしていたら、なんとか相談に乗って取り除いてやりたい。そう思う。

施設の責任者はほとんど職場には在勤されないで、外回りが中心。その役目を八十代の寮長さんが担っていた。

私はもっぱら寮長の手助けで、気がついたことを報告したり、仲介に入ったり、意見を述べたり。とても優しい寮長さんだったので、楽しくやれた。施設の運営や管理については私の仕事外のことだったが、そこで生活している人々のことを第一に、スムーズにやっていけるように、陰ながら支援してきた。

面白いことに、人間関係がうまくいくと、職場が楽しくなる。個人的に相談を受けることも多かった。一年間で、仕事を辞めてからでも付き合いが続く。友達でもないが、元同僚、相手の方が心を開いてくれるので、こちらも誠心誠意相談に乗り、応援する。きっと、彼女とはずっと永く繋がっていけるかもと、好印象である。

それまで知らなかった福祉の世界に少し首を突っ込んでみたが、なかなか奥深い世界だと思う。一年契約の勤務だったので、三月で退職となった。やりたいことを、やりたいようにやれていた四年間だった。


五年目からが、本格的に自由の身だ。

さて、これから残りの人生をどう生きていくのか？ 真剣に考えるようになった。コロナ禍での生活だったので、制限もある中で、充実して生きるためには？

習い事で、「好きなことを始める」これが夢だった。

一年半足らず、月に三回のピアノレッスンに通っている。大学まで合唱をやっていたので、楽譜はほとんど読める、そんなに困らない。しかし、頭で分かっていることを指に伝導させて、弾いていく作業のなんと難しいこと。孫も私より一年近く前からピアノを習っているが、なかなか上手になっている。いつか一緒に連弾でもできたら良いなと思っているが、年寄りの私が七歳の孫にだいぶ差を付けられているのが現状だ。

それまでは人に教える立場だった人間が、生徒になって何かを教えてもらうというのは、なかなかしんどいものだ。楽しむためにやっているのだからと、自分に逃げ道を作ってはいるが、やはり悔しい。うまく弾けるようになりたいと思う。そのためにはきつい練習を積み重ねていくしかないのだ。

やりたいことを、やりたいようにやっていくのも、たまにはきついこともある。

しかし、この年になって時間が自由に使え、好きなことを習って、のんびり暮らせる。こんな幸せは、そんなにどこにでもは、転がってはいない気がする。これも幸福術の一つだ。

もう一つ、この「本の出版」。

これは、私の人生の中での最大の夢であった。大学のときに、図書館司書と図書館司書教諭の資格を取得していた。元来、文学少女でもなんでもなかったのだが、なぜか、文学部に進んだ。中学のときの国語の先生、高校のときの古典の先生に憧れがあり、必然的に文学部を選択した。結果、こうなっている。

「本は読むもの」、ではなくて、だんだん歳を取ってくると「本は書くもの」に変わっていった。

書くためには考えないといけない、経験しないといけない、想像しないといけない。豊かな表現力を身につけないといけない。難しいことがいくつもある。でも、本を書くって楽しいだろうな、と思うようになった。

書くための条件は揃ってきた。書く時間があること、書くネタがあること、豊かな表現力を持つこと。最後の条件だけが揃わないが、なんとかこぎ着けている。

やりたいことをやれる幸せの極みは「本を書く」ことだった。感謝です。

本を書き始めてから、「こんなことするって、私やっぱり変だよね?」と、友達に聞いたことがある。「変ではないよ、やれる人が少ないだけだよ」と言ってくれた。「普通の人じゃ、やれないもの」と。

③自分の健康管理の必要性

私は小学六年生のときに、健康優良児で表彰されたことがあった。それ以来、自分はとっても健康なんだと思い込んでいた。過信していたのかもしれない。

ところが産後復帰した三十代半ばから、バセドウ病といわれるホルモン系の病気になった。それで二度ほど三ヶ月足らずの病気休暇をもらって休養した経験がある。

持病を抱えながらの激務はなかなかハードだったこともある。家事に育児に仕事にと、三つを同時にこなしながら三十代・四十代はやってきた。学期末や学年末の忙しい時期はほとんど持ち帰り仕事で、夜中に採点したり、評価・通知表を書いたりした。

健康には自信があった若い頃に比べ、持病を抱えた不安の中で常に闘ってきた。バセドウもホルモン系とは言っても、主にメンタル・ストレスの病気だと思う。「病は気から」という言葉があるが、まさに、精神的なストレスは大きな病巣となる。そう考えたら、意外に自分はストレスに弱いのかもしれない。

そんな中、管理職を目指し勉強していた四十代半ばから、実際、教頭・校長になってからの精神的ストレスは半端でない。常にストレスがかかっている状況だ。

そんな中で一番苦しかったのは、やはり、校長になって離島に勤務し、日々海を渡る出張に出ていた頃、突然起きた「めまい」「ふらつき」など、得体の知れない感覚に襲われたときだった。

脳神経外科にかかり検査を受け、その結果を待つ間、「自分はこのまま復活できないかも」と不安になったときは絶望感みたいなものに襲われた。

自分は元気だ、元気だと思い込んでいたけれども、実はそうではなかった。案外、弱い部分があるということも知った。

退職後、ずっと思っていることは、「健康でいるためには、どうしないといけないか」。食事の管理、運動の管理、この二つが大きな課題だった。

時間があるのだから、体に良い食事を作ること、時間を見つけて歩いたり、運動をしたりすること。これがとても大事だとつくづく思う。では、やれているのか?と言われると、なかなか難しい。特に運動をすること、歩くことはなかなか継続することができていない。

食事は、以前のような早食い・暴飲暴食はやめた。おなかいっぱいになったら、無理して食べない。もったいないけど残す。お酒も底なしに飲んでいた時期があるが、もう、そんな飲み方はしないし、できない。少量、たしなむ程度。日によっては飲まなくても良い。

実際、食事できる量は若い頃の三分の一程度。お昼はおにぎり一個と果物くらいで満足。夫婦二人で焼きそばやラーメンを作ったとしても、一人分を半分こして、それで十分。お昼にきちんとした食事をすると、夜ご飯がまず入らない。食べなくても良い。胃が小さくなったのか？　消化吸収の能力が低下したのか？　そんな感じだ。

問題は運動不足。特に、膝を痛めてからスポーツジム通いをやめてしまった。コロナ禍の影響もあるが、行かなくなった。このままでは良くないので、何か始めなければと焦っている。音楽や文学など、好きなことはするくせに、きついことはできそうでできていない。

人生百年時代と言われるが、私は目標、健康寿命七十五歳、人生寿命八十五歳かなと思っている。ということは、あと十年余りしか健康で自由に生きられる時間がない。足りないなと思う。だからできたら、健康寿命をあと五年延長する。八十歳まで元気で活動できたら万々歳。

同級生の友人や知り合いから、病気になった・癌になったなど少しずつ情報が入る。もう、人ごとではないなと実感する。

突然亡くなってしまった大親友のことが頭をよぎる。

あの冬以来、「人って本当に突然命が切れることがあるんだ」と身に染みる。

母も突然、心臓の病気で亡くなった。彼女もそうだ。

「健康でいないと駄目だよ」と彼女が教えてくれる。

血圧・心臓・脳梗塞・癌、どれを取っても命に直結する。


今年の秋に主人が古希を迎えた。おそらくこれまでは、二人の子どもたちは、「親がいなくなる、いつかは親も死ぬんだ」ということを本気で考えたことはなかったのではないか。やっとそういうことを本気で考えるようになる年齢だと思う。自分が親になってみて、初めて親のありがたみが分かるのだろう。人間は、順繰り、順繰りだ。

今のところの私の目標は、八十歳までは元気で好きなことをやり、孫たちの成長を見守り、健やかに生きたい。まだまだやりたいことがいっぱいある。だから、健康でいないと。

④ 子や孫との上手な付き合い方

仕事上、学校では沢山の児童・生徒たちを育ててきたが、一番難しいのは「自分の子」。

女性は、出産では命をかけて、この世に赤ちゃんを産み出す。それが我が子。

それまで十ヶ月の間、おなかの中に抱えて、栄養をやり命を育む。

無事に産まれてきたら、一生涯、この親子の関係は切れない。自分が死ぬまで。

呼吸をし、泣くだけの赤ちゃん。排尿や排便し、おっぱいを飲み、命を繋ぐ。

人間の赤ちゃんほど、育つまでに手がかかる生き物はいないらしい。個人差もあるが歩くまで一年かかり、話し始めるまでには一年半以上はかかる。意思疎通ができるまで、親は、ああでもない、こうでもないと、試行錯誤。なぜ泣いているのかが理解できない。ひどいときは育児ノイローゼになったり、産後うつになったり、母親は大変だ。一時も目が離せない、気が休まらない、ずっと、気にかけておかないとどうなるか分からない。こんな危険な生き物、他にはないと思う。

今、日本は少子化が進み、いずれは滅亡の危機を迎えるかもとさえ、言われている。

確かに、夫婦二人の生活で、子どもがいなかったら、どんなに自由で楽だろうとも思う。あえて苦しい状況に自分を追い込みたくないと若い人たちが考えるのも、分かる気もする。子どもが欲しくてもどうしてもできないご夫婦がいる一方、あえて産まない選択をする人もいる。

我々の時代は、子どもを何人産もうかと悩んだ。共働きでこのままいくと、子ども三人は育てるのが難しいと私も判断した。私は二十七歳で第一子を産んだ。現在では三十代での妊娠・出産が多いが、当時は二十七歳での初産はちょっと遅めとみられることも地域によってはあった。しかし当時の私は、スタートが遅れたのと、共働きしていくことを考えると、三人育てるのは難しいかもしれないと判断した。でもやはり、子ども同士が育ち合うことを考えたら、一人よりも二人、二人よりも三人が良かったのかなと思う。

しかし、現代ではそのような考えは通用しないのか?

日本社会の大きな課題は、「少子化問題」だと本気で思う。

自分が親になって子育てしていた時代は、必死で、あまり何も見えていなかった気がする。とにかく食べさせて、寝かせて、健康で、学校に行ってくれれば、それで良かった。

今では社会人になり、子の親になり、自立した生活を営んでいる。

この子とどのような距離感で、どう向き合っていけば良いのか？

結婚もしているので、それぞれ連れ合いがいる。この我が子のような、そうじゃないような、不思議な関係の義理の息子（婿）、義理の娘（嫁）。育った環境も価値観もずいぶん違っているのは当然。みんな大事な家族の一員と、ひとくくりにして考えないとうまくいかない。

子どもが結婚するときには、相手のお嫁さんについては、自分の娘、と思って付き合おう、婿さんについては、自分の息子が一人増えたと思って付き合おうと考えていた。しかしそれは私のエゴで、この前、二人の子どもたちから「お母さんの気持ちは嬉しいけど、相手は育った環境も、価値観も違う一人の人間だから、自分たちのように実の子、と思うのはやめた方が良い」と、助言をもらった。「そうなんだ、やっぱり無理なのかな」と思う。義理の親や親戚にはやはり誰でも気を遣う。当然だ。だからそこにはやはり壁があるというのだ。そんなものかな？と受け入れる。

老いては子に従え、子に教えられることも増えた。自分の考えが一番、間違っていないと思うことをやめた。人の意見も受け入れる。かなり柔軟になってきたと思う。

学校にも出し、一人前に育て、自立して家庭も持っている子に対しても、いつまでも小さかった頃のような心配をしたり、信頼できなかったりで、もめたこともあった。「お母さんは口出ししすぎ、もっと自分たちを信頼して欲しい」と言われたことがある。

高校時代問題児だった息子のトラウマや、浪人時代にパニックを起こした娘のトラウマなどをずっと引きずってきたが、そろそろ「子離れ」しないといけないかな、と思う。ある程度の距離を置いて、遠目で見守る。

手助けが必要なときにはいつでも応援するが、日頃は少し距離を置く。気持ちの上での距離感が大事。

前述で「子とは一生縁が切れないもの」と表現したが、子離れのタイミングが大事だ。同時に、子も「親離れ」が必要だ。いつまでも親を頼らない、逆に、親の心配をするようになって欲しい。その境目が、子が四十歳くらいかなと、自分では考えている。だから早く四十歳になって欲しい。そうなると自分が七十歳、古希の年齢だ。

孫との関係は、また別物だ。

私は実家が離島だったので、夏休み、冬休みごとに子どもを壱岐に連れて帰っていた。ばあちゃん、じいちゃんも孫の可愛さに幸せなひとときを送っただろうと思う。

それよりも大事だったのは、孫とじじばばの触れ合う経験だ。その繋がりが深ければ深いほど、お互いに幸せになる。特に、幼い頃の体験は特別。いまだに二人の子は、壱岐に行った思い出が深く胸に刻まれ、いとこたちと遊んだ経験が、今でも関係を良くしている。みんなLINEで繋がって、情報のやりとりをしている。嬉しいことだ。

そう考えると我が家は、横浜と大阪に孫がいるが、どれだけ深く関われるかについては、困難を極める。小学生のうちになるべく長崎に連れてきてくれたら、じいじ、ばあばの記憶が心底定着すると思うのだが。こちらからも機会をつくって会いに行くし、長期の休みには長崎に帰省させてくれて構わない。新幹線が繋がったら、迎えにも行けるし、子ども一人での飛行機旅行サービスなどを遣って、送り届けてくれても良い。勝負は、小学生の頃まで。

今の時代は、スマホという便利な機械があり、ＬＩＮＥ動画も見られるし、スマホを通して画面越しにお話しもできる。画期的なことだと思う。便利だからこそ、大事に繋がっていたい。

孫の成長が自分の唯一の生きがいになっている人もいると思う。それも悪くはないが、それだけでは寂しい。

子や孫が元気で活躍し、日々を充実して生きていけるよう、遠くからでも願って、応援していきたい。幸福の全てにしてはお互いに荷が重いと思うので、適度な距離感を保って、たまに会えることに幸せを感じ、ずっと支えていきたい。

⑤ 配偶者との細くて長い関係

配偶者とは、人生の何割かの時を共に歩く人。当然、選択に迷うのも無理はない。選び損ねて、途中で関係を切ってしまうご夫婦も最近は多い。若い頃は情熱だけで突っ走ってゴールインするが、その先の長いこと長いこと。しかも夫婦の真ん中に子が存在すると、ますます家庭生活は難しくなる。

全く別の家庭と地域で生まれ育ってきた者同士、価値観や物事に対する向き合い方も、全く違っている。しかも、男と女という性の違いもある。この二人が信頼し合い、協力し合って子育てをしていく。当然、喧嘩もあるし、文句も言いたくなる。お互い様だ。

我が家のように夫婦共働きで、夫婦管理職。こんな二人に育てられた子どもたちは、よく耐えてきたなとも思う。以前から、「うちは特殊だから」と二人の子どもが言っていた。よその家庭と比べたら、かなり特殊だったのだろう。それでもなんとか、決裂しあうこともなく、四十年連れ添ってきた。奇跡だとも思う。しかも、これから先も、まだまだ長い。

途中で十三年もの単身赴任が続いたのも、ある意味、良かったのかもしれない。離れて暮らすことでお互いの嫌な面も半減するし、気遣いも生まれてくる。細い糸をなんとか紡ぎ、切らさないように努力したり、目をつぶったりして、繋いできた。

我が家の良かったことは、「お互いを認め尊重してきた」ことではないかなと考える。同じ職業だったので、やっていることの大変さや、すごさもよく分かる。そういう意味では、お互いにリスペクトしあってきたのは事実だ。だから自然と家事も手伝えるし、子育てもやれる。退職後の今の生活もまさにそうである。相手のやっていることに文句を言わない、応援する。家事は分担。時間はそれぞれのものなので、束縛しない。

何の取り決めをしたわけではないが、自然とそうなっていった。お互いがやっていることをリスペクトしあう。そこだけは四十年、ずっと続いている。

配偶者がいなかったらどんなに自由なことだろう、と思ったこともあるが、それはお互い様。微妙な距離を保ちながら、心地よく過ごすのが一番の幸せだ。

⑥最後まで穏やかに、目標を持って生きる

最近は、お互いの終活についてよく話す。死んだらこうして欲しい、ああして欲しいと。口約束では駄目なので、きちんと記録に残すように言い合っている。

どちらが先に命を落としても、恨みっこなし。自分の体のことは自分で管理する。それで駄目なときは仕方がない。子どもたちのお世話にはできるだけならないようにしようと考える。どちらか一人になって、一人で生きるのが難しいときには、それ相応の施設にお世話になる。それで十分。

最後の看取りくらいは子がしてくれると思うが、五年も十年も面倒を見てもらおうとは思わない。彼らには彼らの生活があるから。それを壊してまで、親の面倒を見て、とは言わない。もしも私が一人残ったとしたら、以前は、横浜や大阪の子どもたちが住むどちらかに行こうかなと言っていたが、最近はこの住み慣れた長崎を離れるのは嫌だなと思うようになった。古くからの友人もいるし、環境に住み慣れている。ここが一番かな、とも思う。

本当なら、自分のふるさとに帰りたいとも思っていたが、十八で離れて、五十年ゆっくりとは帰っていない。両親の、先祖のお墓はあるが、そこに入れてもらうわけにもいかない。そうなるとやっぱり、住み慣れた自宅の周りで生きるのが一番落ち着くのではないかという結論に達した。主人は、もし一人になっても、絶対にこの地から離れないと言う。生粋の長崎人だ。

もう、この年齢になって、バタバタすることもあるまい。日々、やりたいことをやって、会

いたい人と会って、自分の時間を有意義に過ごしたい。ささやかながら、目標は持って、少しずつ達成のための努力もしながらいければ良いのかなと思う。

子や孫の成長や発展を願って、離れたところから見守り、支援していく。

もう一つ達成したい夢があった。コロナ禍で諦めかけていたが、ヨーロッパへの海外旅行。特にスイスに行きたいと主人はずっと言っている。できるだけ早く、元気なうちにその夢が達成できたら幸せの極みだ。私は、ちなみに、フランス・イタリアですが。最後まで意見は食い違うのだ。

終わりに

つい先日、二人の息子・娘が中心になって、主人の「古希のお祝い」をしてくれた。いにしえの時代から、希《まれ》なる年齢といわれる七十歳。お祝いをしてもらえるのは、とても嬉しいことだった。

横浜からと、大阪からと、それぞれ家族で飛行機に乗ってやってきた。全員集合で、大人が六名、子どもが三名、合計九名。

秋晴れの素晴らしいお天気のもと、雲仙温泉の中の立派な旅館で、わいわい言いながら美味しい食事をいただき、温かい硫黄の温泉に浸かり、孫たち全員と過ごす。これ以上の「幸せ」はないな、と実感した。みんなが元気で一堂に会す。最初で最後かもしれない、とも思った。

じいじが七十歳まで健康でいられ、私もそれに続いている。

まずはみんなが健康、家族が仲良いこと。たまには顔を合わせておしゃべりができる。日々、孫の成長を実感できる。

おもてなしの行き届いたお宿で、深夜まで飲み、話しをした。その日は、人生の中で、一番幸せな日だった。

まずは私も、古希までは元気で過ごしたい。

また一つ、目の前の目標ができた。

私のつたないこの本を手に取り、読んでくださった方々、ありがとうございました。

最後になりましたが、今回この本を出版するにあたり表紙絵とカットを描いていただいた川渕佳子先生、本当にありがとうございました。

在籍中から先生のチョーク絵の素晴らしさに魅了された私としては、とても嬉しいご褒美をいただいた気持ちです。感謝します。

皆様の上に、幸せが舞い降りますように。

令和五年　春　四月

森田　美智子

〈著者紹介〉
森田 美智子（もりた みちこ）
長崎県西海市立西彼中学校校長を最後に退職。出身は長崎県壱岐市。
退職女性校長として若い先生方を育成中。66歳。一男一女あり。孫三人。

幸《しあわ》せに生《い》き抜《ぬ》く術《すべ》
～元中学校女性校長《もとちゅうがっこうじょせいこうちょう》の生《い》きざまから～

2023年6月26日　第1刷発行

著　者　　森田美智子
発行人　　久保田貴幸

発行元　　株式会社 幻冬舎メディアコンサルティング
〒151-0051　東京都渋谷区千駄ヶ谷4-9-7
電話　03-5411-6440（編集）

発売元　　株式会社 幻冬舎
〒151-0051　東京都渋谷区千駄ヶ谷4-9-7
電話　03-5411-6222（営業）

印刷・製本　中央精版印刷株式会社
装　丁　　弓田和則

検印廃止
©MICHIKO MORITA, GENTOSHA MEDIA CONSULTING 2023
Printed in Japan
ISBN 978-4-344-94378-0 C0095
幻冬舎メディアコンサルティングＨＰ
https://www.gentosha-mc.com/

※落丁本、乱丁本は購入書店を明記のうえ、小社宛にお送りください。
送料小社負担にてお取替えいたします。
※本書の一部あるいは全部を、著作者の承諾を得ずに無断で複写・複製することは
禁じられています。
定価はカバーに表示してあります。